18-

RUDOLF STEINER GESAMTAUSGABE
VORTRÄGE

VORTRÄGE ÜBER ERZIEHUNG

RUDOLF STEINER

Vorträge und Kurse, gehalten für die Lehrer
der Freien Waldorfschule in Stuttgart

I

ALLGEMEINE MENSCHENKUNDE
ALS GRUNDLAGE DER PÄDAGOGIK
Vierzehn Vorträge. (Bibliographie-Nr. 293)

II

ERZIEHUNGSKUNST
METHODISCH-DIDAKTISCHES
Vierzehn Vorträge. (Bibliographie-Nr. 294)

III

ERZIEHUNGSKUNST. SEMINARBESPRECHUNGEN
UND LEHRPLANVORTRÄGE
(Bibliographie-Nr. 295)

Drei Vortragskurse, gehalten im August/September 1919
bei der Begründung der Freien Waldorfschule

IV

MENSCHENERKENNTNIS
UND UNTERRICHTSGESTALTUNG
Acht Vorträge, 12. bis 19. Juni 1921
(Bibliographie-Nr. 302)

V

ERZIEHUNG UND UNTERRICHT
AUS MENSCHENERKENNTNIS
Neun Vorträge aus den Jahren 1920, 1922 und 1923
(Bibliographie-Nr. 302 a)

RUDOLF STEINER

Erziehung und Unterricht aus Menschenerkenntnis

Neun Vorträge, gehalten für die Lehrer
der Freien Waldorfschule in Stuttgart

Meditativ erarbeitete Menschenkunde

Vier Vorträge vom 15. bis 22. September 1920

Erziehungsfragen im Reifealter
Zur künstlerischen Gestaltung des Unterrichts

Zwei Vorträge am 21. und 22. Juni 1922

Anregungen zur innerlichen Durchdringung des Lehr- und Erzieherberufes

Drei Vorträge am 15. und 16. Oktober 1923

1972

RUDOLF STEINER VERLAG
DORNACH/SCHWEIZ

Nach vom Vortragenden nicht durchgesehenen Nachschriften
herausgegeben von der Rudolf Steiner-Nachlaßverwaltung
Die Herausgabe besorgte H. R. Niederhäuser

1. Auflage in dieser Zusammenstellung
Gesamtausgabe Dornach 1972

Als Einzelausgaben sind früher erschienen:

Meditativ erarbeitete Menschenkunde

1. Auflage unter dem Titel «Vier pädagogische Vorträge», Stuttgart 1937
2. Auflage unter dem Titel «Meditativ erarbeitete Menschenkunde», Basel 1947
3., neu durchgesehene Auflage mit Ergänzungen aus einer neuen Nachschrift, Basel 1952
4., unveränderte Auflage, Basel 1961

Für die vorliegende Ausgabe wurde der Text mit den Nachschriften neu verglichen und ergänzt.

Erziehungsfragen im Reifealter
Zur künstlerischen Gestaltung des Unterrichts

1. Auflage Stuttgart 1958; 2. Auflage Dornach 1972

Anregungen zur innerlichen Durchdringung des Lehr- und Erzieherberufes

1. Auflage Basel 1956

Abdrucke in Zeitschriften siehe unter den Hinweisen
am Schluß des Bandes

Bibliographie-Nr. 302a

Printed in Switzerland by Zbinden Druck und Verlag AG, Basel

ISBN 3-7274-3025-7 (Ln) ISBN 3-7274-3026-5 (kt)

ALS MANUSKRIPT GEDRUCKT

Über den Charakter dieser Privatdrucke äußert sich Rudolf Steiner in seiner Selbstbiographie «Mein Lebensgang» (35. und 26. Kapitel, März 1925) folgendermaßen:

«Als mündliche, nicht zum Druck bestimmte Mitteilungen waren die Inhalte dieser Drucke gemeint . . .

Es ist nirgends auch nur in geringstem Maße etwas gesagt, was nicht reinstes Ergebnis der sich aufbauenden Anthroposophie wäre . . . Wer diese Privatdrucke liest, kann sie im vollsten Sinne eben als das nehmen, was Anthroposophie zu sagen hat. Deshalb konnte ja auch ohne Bedenken . . . von der Einrichtung abgegangen werden, diese Drucke nur im Kreise der Mitgliedschaft zu verbreiten. Es wird eben nur hingenommen werden müssen, daß in den von mir nicht nachgesehenen Vorlagen sich Fehlerhaftes findet.

Ein Urteil über den Inhalt eines solchen Privatdruckes wird ja allerdings nur demjenigen zugestanden werden können, der kennt, was als Urteils-Voraussetzung angenommen wird. Und das ist für die allermeisten dieser Drucke *mindestens* die anthroposophische Erkenntnis des Menschen, des Kosmos, insofern sein Wesen in der Anthroposophie dargestellt wird, und dessen, was als ‹anthroposophische Geschichte› in den Mitteilungen aus der Geist-Welt sich findet.»

INHALT

Meditativ erarbeitete Menschenkunde

ERSTER VORTRAG

Stuttgart, 15. September 1920

Mein lieben Freunde, es bestand ja die Absicht, in diesen Tagen, die ich hier zu verbringen in der Lage bin, Ihnen eine Art Ergänzung zu manchem zu geben, was in den einführenden pädagogischen Kursen im vorigen Jahr von mir ausgeführt worden ist. Allein der Tage sind so wenige, und nach dem, was ich eben jetzt vernommen habe, liegen so viele Verpflichtungen für diese nächsten Tage vor, daß über irgendein Programm kaum gesprochen werden kann, daß ich eigentlich kaum sagen kann, ob es über diese heutigen spärlichen Einleitungsworte hinauskommen wird.

Worüber ich heute in dieser Einleitung sprechen möchte, ist dieses, daß ich Ihnen zu den Ausführungen des vorigen Jahres einiges hinzufügen möchte über den Lehrer und den Erzieher selbst. Natürlich ist das, was ich gerade mit Bezug auf die Wesenheit des Lehrers sagen werde, durchaus aphoristisch gemeint, und eigentlich so, daß es wohl am besten seine Gestalt in Ihnen selber nach und nach erst annehmen soll, daß es gewissermaßen weiter verarbeitet werden soll durch Ihr eigenes Denken und Empfinden. Es ist ja gerade der Lehrerschaft gegenüber darauf aufmerksam zu machen – und wir stehen, indem ich darauf aufmerksam mache, auf dem Boden der anthroposophisch orientierten Geisteswissenschaft und wollen von dieser aus gerade die für die heutige Zeit notwendige Pädagogik formen –, es ist vor allen Dingen darauf aufmerksam zu machen, daß der Lehrer eigentlich so recht ein Gefühl, eine Empfindung dafür haben müßte, was das Wesen des Esoterischen als solches ist. In unserer heutigen Zeit, in der Zeit der Demokratie, in der Zeit der Publizistik liegen ja die Dinge so, daß man für das, was eigentlich mit Esoterik gemeint ist, kaum ein wirkliches, ein wahres Gefühl hat; denn man denkt heute, was wahr ist, ist wahr, und was richtig ist, ist richtig, und das Wahre und das Richtige, wenn es in irgendeiner Weise formuliert ist, das müßte sich dann vor aller Welt in der Form, in der man es als richtig formuliert denkt, aussprechen lassen. Nun ist es im wirklichen Leben nicht so;

im wirklichen Leben verhalten sich die Dinge durchaus anders. Im wirklichen Leben liegt von allem das vor, daß man gewisse Wirksamkeiten nur entfalten kann, wenn man die Impulse für diese Wirksamkeiten gewissermaßen als ein heiligstes Geheimgut in der Seele hütet. Und besonders der Lehrer hätte nötig, vieles als ein heiliges Geheimgut zu hüten und es so zu betrachten, daß es eigentlich nur bei denjenigen Verhandlungen, bei den Auseinandersetzungen eine Rolle spielt, die innerhalb der Lehrerschaft selber gepflogen werden. Von vornherein erscheint ein solcher Satz eigentlich gar nicht besonders verständlich und dennoch – er wird Ihnen verständlich werden. Ich müßte vieles sagen, wenn ich ihn verständlich machen wollte, zunächst aber wird er Ihnen verständlich werden, wenn ich Ihnen das Folgende sage.

Dieser Satz, den ich eben angeführt habe, er hat heute zugleich eine umfassende weltzivilisatorische Bedeutung. Wenn wir heute an Jugenderziehung denken, müssen wir ja immer im Auge haben, daß wir arbeiten an den Empfindungen, an den Vorstellungen, an den Willensimpulsen der nächsten Generation; wir müssen uns darüber klar sein, daß wir diese nächste Generation für bestimmte Aufgaben, die nun schon einmal in der Menschenzukunft verrichtet werden sollen, von der Gegenwart aus heranzuziehen haben. Nun kommt, wenn man so etwas hinstellt, sogleich die Frage: Woran liegt es denn eigentlich, daß die Menschheit gegenwärtig in jene weitverbreitete Misere hineingekommen ist, in der sie heute drinnensteht? – Die Menschheit ist in diese Misere dadurch hineingekommen, daß sie sich im wesentlichen eigentlich abhängig gemacht hat, durch und durch abhängig gemacht hat von der besonderen Art und Weise des Vorstellens und Empfindens der Westmenschen. Und man kann sagen: Wenn heute jemand zum Beispiel über Fichte, Herder oder selbst über Goethe in Mitteleuropa spricht, so ist er im Grunde genommen zumeist, wenn er dem äußeren öffentlichen Leben angehört, sei es als Publizist oder als populärer Bücherschreiber oder dergleichen, viel weiter entfernt vor dem, was als ein wirklicher geistiger Impuls bei Fichte, Herder oder Goethe lebt, als er – wenn er in Berlin oder Wien denkt und tätig ist – etwa entfernt ist von dem, was heute in London, Paris, New York oder Chicago empfunden und gedacht wird. Allmählich haben sich die Dinge ja so herausgestellt, daß durch die Weltanschauungsimpulse der westlichen Völker im Grunde genommen unsere gesamte Zivilisation überflutet worden ist, daß unser ganzes öffentliches Leben in den Weltanschauungsimpulsen dieser westlichen Völker darinnen lebt. Und man muß sagen, das ist in ganz besonderem Maße der Fall bei der Erziehungskunst; denn im Grunde genommen sind die mitteleuropäischen Völker vom letzten Drittel des 19. Jahrhunderts ab in allen solchen Angelegenheiten bei den Westvölkern in die Schule gegangen. Es erscheint heute den Menschen, die unter anderem auch über Erziehungsfragen diskutieren, als etwas ganz Selbstverständliches, sich in den Denkweisen, die von dort her kommen, zu bewegen. Wenn Sie alles, was heute in bezug auf Pädagogik in Mitteleuropa als vernünftig angesehen wird, seinem Ursprung nach verfolgen wollen, so können Sie es etwa finden zum Beispiel bei den Anschauungen von *Herbert Spencer* oder ähnlichen Leuten. Man verfolgt nicht die Wege, die zahlreich sind, auf denen Anschauungen wie die von Spencer oder ähnliche in die Köpfe der in Mitteleuropa für geistige Fragen maßgebenden Welt hineingekommen sind. Aber diese Wege gibt es, diese Wege sind da. Und wenn man den Geist – ich will nicht auf die Einzelheiten besonderen Wert legen –, den Geist einer solchen pädagogischen Richtung nimmt, wie sie zum Beispiel bei Fichte auftritt, wenn man diesen Geist nimmt, so ist er heute nicht nur durchaus verschieden von dem, was als vernünftige Pädagogik heute allgemein angesehen wird, sondern es liegt die Sache so, daß die Menschen der Gegenwart kaum imstande sind, ihre Seelen in solche Richtungen des Denkens und Empfindens hineinzubringen, damit dasjenige, was bei Fichte oder Herder gemeint war, wirklich so verstanden werden könnte, daß es eine Fortsetzung finden könnte. So erleben wir es denn heute auf dem Gebiete der Pädagogik, der pädagogischen Kunst namentlich, daß geradezu das Gegenteil von dem, was sein sollte, Grundsatz geworden ist. Ich möchte Sie da auf eine Ausführung hinweisen, die Spencer getan hat.

Spencer meint, der Anschauungsunterricht sollte so betrieben werden, daß er in die Untersuchungen des Naturforschers und in die Nachforschungen des Mannes der Wissenschaft übergehe. Was sollte also da getan werden in der Schule? Wir sollten darnach in der Schule die Kinder so unterrichten, daß sie, wenn sie heranwachsen und Gelegenheit dazu haben, das fortzusetzen, was sie von uns in der Schule bekommen über die Mineralien, die Pflanzen, die Tiere und so weiter, dann regelrechte Naturforscher oder Philosophen werden könnten. Gewiß, man ficht heute so etwas vielfach an, aber man verhält sich in der Praxis doch durchaus so, wie es eben dargestellt worden ist. Man verhält sich schon aus dem Grunde so, weil unsere Lehrbücher dementsprechend abgefaßt sind, und weil niemand daran denkt, die Lehrbücher zu ändern, anders abzufassen oder abzuschaffen. Denn es liegen die Sachen heute so, daß zum Beispiel die Lehrbücher über Pflanzenlehre eher für einen künftigen Botaniker abgefaßt sind, aber nicht für einen Menschen im allgemeinen; und ebenso sind die Lehrbücher über Zoologie so gehalten, daß sie für einen künftigen Zoologen geschrieben sind, nicht aber für einen Menschen im allgemeinen.

Nun liegt das Eigentümliche vor, daß das genaue Gegenteil von dem heute angestrebt werden sollte, was Spencer als einen wirklichen pädagogischen Grundsatz hinstellt. Wir können uns im Volksschulunterricht kaum einen größeren Fehler denken, als die Kinder so zu erziehen, wie es eine Behandlungsweise des Gegenstandes, zum Beispiel mit Bezug auf die Pflanzen und die Tiere, erfordert, die so fortgesetzt werden könnte, daß aus dem Kinde später ein Botaniker oder ein Zoologe werden könnte. Im Gegenteil, wenn man den Unterricht daraufhin anlegen könnte, über Pflanzen und Tiere die Dinge so vorzubringen, daß man verhinderte, daß die Kinder Botaniker oder Zoologen würden, so hätte man mehr Richtiges getroffen als durch den Spencerschen Grundsatz. Denn niemand sollte Botaniker oder Zoologe werden durch das, was er in der Volksschule lernt; Botaniker oder Zoologe sollte der Mensch lediglich werden durch seine besondere Anlage, die sich einfach zeigt in der Selektion, die sich innerhalb des Lebens in einer richtigen pädagogischen Kunst ergeben müßte. Durch seine Anlage! Das heißt, wenn er Anlage zum Botaniker hat, kann er Botaniker werden; und wenn er Anlage zum Zoologen hat, kann er Zoologe werden. Das muß auch aus der Anlage des Betreffenden, das heißt aus dem vorbestimmten Karma, aus dem Schicksalsgesetz, erfolgen. Das muß so erfolgen, daß wir erkennen: in diesem sitzt ein Botaniker, in jenem sitzt ein Zoologe. Das darf niemals so erfolgen, daß zu diesem speziellen wissenschaftlichen Betrieb der Volksschulunterricht irgendwie eine Vorbereitung ist. Aber bedenken Sie, was in der letzten Zeit geschehen ist: Es ist das geschehen, daß leider unsere Wissenschafter die Pädagogik gemacht haben. Leute, die sich durchaus gewöhnt haben wissenschaftlich zu denken, haben die Pädagogik gemacht, haben in der Pädagogik das Wichtigste mitgesprochen. Das heißt, es lag die Meinung vor, daß der Lehrer als solcher irgend etwas zu tun habe mit dem Wissenschafter; es wurde geradezu wissenschaftliche Bildung als Lehrerbildung genommen, während die beiden etwas durch und durch Verschiedenes sein müssen. Wird der Lehrer ein Wissenschafter, wendet er sich dazu, im engeren Sinne wissenschaftlich zu denken – er mag das als Privatmann sein, kann es aber nicht als Lehrer sein –, dann geschieht ihm mit Recht etwas, was sehr häufig auftritt: daß der Lehrer in seiner Klasse, unter seinen Schülern oder in seinem Kolleg eine Art komische Figur bildet, daß über ihn Witze gemacht werden. Der Goethesche «Baccalaureus» in der höheren Stufe ist doch keine so große Seltenheit, wie man gewöhnlich meint.

Und im Grunde genommen, wenn man sich heute fragt: Muß man sich mehr auf die Seite des Lehrers stellen, wenn die Schüler über ihn Witze reißen, oder mehr auf die Seite der Schüler? – dann möchte man sich unter den gegenwärtigen pädagogischen Verhältnissen mehr auf die Seite der Schüler stellen. Denn das, worauf alles hinausgelaufen ist, das zeigt sich ja am besten bei unseren Universitäten. Was sind unsere Universitäten eigentlich? Sind sie Lehranstalten für die reife Jugendmenschheit oder sind sie Forschungsanstalten? Sie wollen beides sein, und gerade dadurch sind sie jene Karikaturen geworden, die sie heute sind. Und man hebt gewöhnlich sogar als einen besonderen Vorzug unserer Universitäten das hervor, daß sie zugleich Lehranstalten und Forschungsinstitute sind. Aber gerade dadurch kommt zuerst in diese obersten Lehranstalten all der Unfug hinein, der eben über die Pädagogik kommt, wenn sie von Wissenschaftern gemacht wird. Und dann verpflanzt sich dieser Unfug hinunter bis in die mittleren Schulen und schließlich auch bis in die Volksschulen hinein. Das ist dasjenige, was nicht genug bedacht werden kann: daß pädagogische Kunst ausgehen muß vom Leben, und nicht ausgehen kann vom abgezogenen wissenschaftlichen Denken.

Das ist nun das Eigentümliche, daß zunächst aus der westlichen Bildung heraus gerade dasjenige kommt, was man nennen könnte eine wissenschaftlich, sogar naturwissenschaftlich orientierte Pädagogik, und daß, wenn wir uns desjenigen erinnern, was bei *Herder*, bei *Fichte*, was bei *Jean Paul*, bei *Schiller* und bei ähnlichen Geistern da war, daß dies alles eigentlich eine vergessene Lebenspädagogik ist, eine unmittelbar aus dem Leben heraus geschöpfte Pädagogik.

Nun liegt der welthistorische Beruf der mitteleuropäischen Völker vor, doch diese Pädagogik zu pflegen, diese Pädagogik gewissermaßen als ihre esoterische Angelegenheit zu pflegen. Denn vieles wird der Menschheit gemeinschaftlich werden können und muß es werden, wenn soziale Besserung in der Zukunft eintreten soll. Aber dasjenige, was gerade aus der ganzen konkreten mitteleuropäischen Geistesbildung mit Bezug auf die pädagogische Kunst herauskommt, das werden die westlichen Völker nicht verstehen können; im Gegenteil, es wird sie verärgern. Man kann es ihnen erst sagen, wenn sie sich entschließen, sich auf den esoterischen Boden der Geisteswissenschaft zu stellen. In bezug auf alle diejenigen Dinge, auf die in den letzten 40 Jahren innerhalb Deutschlands mit solchem Stolz hingesehen worden ist, mit Bezug auf alle diese Dinge, für die man einen so großen Aufschwung in Deutschland statuiert hat, ist Deutschland verloren. Das geht über auf die Herrschaft der Westvölker. Da ist nichts zu machen, und wir können nur hoffen, für die Dreigliederung des sozialen Organismus so viel Verständnis hervorzurufen, daß die Westvölker auf dieses Verständnis sich einlassen.

Mit Bezug aber auf dasjenige, was gerade für die pädagogische Kunst zu geben ist, haben wir der Welt etwas zu geben von Mitteleuropa aus, was niemand anderes ihr geben kann – nicht ein Orientale und nicht ein Westmensch. Aber wir müssen verstehen, dies auch innerhalb jener Kreise zu halten, die ein Verständnis dafür aufbringen können; wir müssen verstehen, es da mit einem gewissen Vertrauen zu hüten und müssen wissen, daß dieses Hüten dasjenige ist, was gerade zur Wirkung der Sache führt. Man muß genau wissen, über welche Dinge man vor gewissen Menschen zu schweigen hat, wenn man eine Wirkung erzielen will. Aber wir müssen uns vor allen Dingen darüber klar sein, daß wir nichts erhoffen dürfen von irgendwelcher Einflußnahme derjenigen Denkweise, die, vom Westen ausgehend, für manche Zweige der modernen Zivilisation geradezu unerläßlich ist. Wir müssen wissen, daß wir gar nichts von dieser Seite zu erhoffen haben für das, was wir als pädagogische Kunst zu pflegen haben.

Es gibt eine Schrift von Herbert Spencer über die Erziehung. Diese Schrift ist außerordentlich interessant. Spencer stellt da eine ganze Anzahl von Grundsätzen zusammen, von «Prinzipien», wie er sie nennt, über die intellektuelle Erziehung des Menschen. Unter diesen Prinzipien vertritt er vor allen Dingen eines mit ganz besonderer Schärfe: man solle im Unterricht niemals ausgehen von dem Abstrakten, sondern immer von dem Konkreten, man solle immer herausarbeiten aus dem einzelnen Fall. Nun schreibt er sein Buch über Erziehung. Da steht zunächst, bevor auf irgend etwas Konkretes eingegangen wird, das schlimmste abstrakte Gestrüpp, wirklich lauter abstraktes Stroh, und der Mann bemerkt nicht, daß er einem Grundsätze auseinandersetzt, die er als unerläßlich findet, und daß er das Gegenteil dieser Grundsätze selbst befolgt. Wir haben so das Beispiel, daß ein großer, tonangebender Philosoph der Gegenwart mit dem, was er unmittelbar darbietet, selbst in einem vollkommenen Widerspruche steht.

Nun haben Sie ja im vorigen Jahr gesehen, daß sich unsere Pädagogik nicht auf abstrakte Erziehungsgrundsätze aufzubauen hat, auf dieses oder jenes, was da gesagt werden kann, zum Beispiel: man solle nicht von außen an das Kind etwas heranbringen, sondern man solle die Individualität des Kindes entwickeln und so weiter. Sie wissen, daß unsere pädagogische Kunst sich aufbauen soll auf ein wirkliches Zusammenfühlen mit dem kindlichen Wesen, daß sie sich aufbauen soll in weitestem Sinne auf eine Erkenntnis des werdenden Menschen. Und wir haben ja bei dem ersten Kurs und dann später bei den Lehrerkonferenzen genugsam über das Wesen des werdenden Menschen zusammengetragen. Wenn wir uns einlassen können als Lehrer auf dieses Wesen des werdenden Menschen, so sproßt uns aus der Erkenntnis dieses Wesens des werdenden Menschen schon auf, wie wir verfahren sollen. Wir müssen in dieser Beziehung als Lehrer zu Künstlern werden. So wie der Künstler ganz unmöglich ein Ästhetikbuch in die Hand nehmen kann, um nach den Grundsätzen des Ästhetikers zu malen oder zu bildhauern, so sollte der Lehrer ganz unmöglich eine von jenen pädagogischen Anleitungen gebrauchen, um zu unterrichten. Was der Lehrer aber braucht, ist ein wirkliches Einsehen desjenigen, was der Mensch denn eigentlich ist; was er wird, indem er sich durch die Kindheit hindurch entwickelt. Da ist es vor allem notwendig, daß wir uns klar sind: Wir unterrichten, sagen wir zunächst in der 1. Klasse die sechs- bis siebenjährigen Kinder. Nun, unser Unterricht wird jedesmal schlecht sein, wird jedesmal seine Aufgabe nicht erfüllt haben, wenn wir, nachdem wir ein Jahr lang uns etwa mit dieser 1. Klasse befaßt haben, uns nicht am Ende dieses ersten Jahres sagen: Wer hat denn da eigentlich am meisten gelernt? Das bin ich, der Lehrer! – Wenn wir uns etwa sagen können: Ich habe zu Beginn des Schuljahres großartige pädagogische Prinzipien gehabt, den besten Meistern der Pädagogik bin ich gefolgt, ich habe alles getan, um diese pädagogischen Prinzipien zu verwirklichen – und wenn man das nun wirklich getan hätte, so würde man ganz gewiß schlecht unterrichtet haben. Man würde aber ganz gewiß am allerbesten unterrichtet haben, wenn man an jedem Morgen mit Beben und Zagen in die Klasse gegangen ist und sich gar nicht sehr auf sich selber verlassen hat, dann sich aber am Ende des Jahres sagt: Du hast eigentlich selbst am meisten während dieser Zeit gelernt. – Denn, daß man sich sagen kann: Du hast selbst am meisten gelernt –, das hängt davon ab, wie man verfahren ist. Das hängt davon ab, was man eigentlich getan hat, hängt davon ab, daß man fortwährend das Gefühl gehabt hat: Du wächst, indem du die Kinder wachsen machst. Du probierst im edelsten Sinne des Wortes, du kannst eigentlich nicht sonderlich viel; aber es erwächst dir eine gewisse Kraft, indem du mit den Kindern zusammen arbeitest. – Man wird dann manchmal das Gefühl haben: mit der oder jener Art von Kindern ist nicht viel anzufangen; man wird sich aber mit ihnen Mühe gegeben haben. Man wird von anderen Kindern durch ihre besondere Begabung dieses oder jenes erfahren haben. Kurz, man geht als ein ganz anderer aus der

Kampagne hervor, als man vorher hineingegangen ist. Und man hat das gelernt, was man vor einem Jahre, als man zu lehren angefangen hatte, nicht gekonnt hat. Man sagt sich am Ende des Schuljahres: Ja, jetzt kannst du eigentlich erst das, was du hättest ausführen sollen! – Das ist ein ganz reales Gefühl. Und da liegt ein gewisses Geheimnis begraben. Wenn Sie am Anfange des Schuljahres wirklich das alles gekonnt hätten, was Sie nun am Ende des Jahres können, so hätten Sie schlecht unterrichtet. Gut haben Sie dadurch unterrichtet, daß Sie es sich erst erarbeitet haben! Also denken Sie, ich muß das Paradoxon vor Sie hinstellen, daß Sie dann gut unterrichtet haben, wenn Sie das nicht gewußt haben, was Sie am Ende des Jahres gelernt haben, und daß es schädlich gewesen wäre, wenn Sie zu Beginn des Jahres das schon gewußt hätten, was Sie am Ende des Jahres gelernt haben. Ein merkwürdiges Paradoxon!

Es ist für viele Menschen wichtig, dies zu wissen; am allerwichtigsten aber ist dies für die Lehrer zu wissen. Denn es ist dies ein spezieller Fall einer allgemeinen Wahrheit und Erkenntnis: das Wissen als solches, ganz gleichgültig worauf es sich bezieht, das Wissen, das man in abstrakte Grundsätze fassen kann, das man sich in Ideen innerlich vergegenwärtigen kann, dieses Wissen kann keinen praktischen Wert haben. Einen praktischen Wert hat nur dasjenige, was erst zu diesem Wissen hinführt, was erst auf dem Wege zu diesem Wissen ist. Denn dieses Wissen, das wir uns so erwerben, wie wir das Wissen haben, nachdem wir ein Jahr lang unterrichtet haben, dieses Wissen hat nämlich erst seinen Wert nach dem Tode des Menschen. Dieses Wissen, das geht erst nach dem Tode des Menschen in eine solche Realität hinein, daß es den Menschen dann wieder weiterbilden kann, daß es den eigenen individuellen Menschen weiterbilden kann. Im Leben hat nicht das fertige Wissen einen Wert, sondern die Arbeit, die zu dem fertigen Wissen hinführt; und insbesondere bei der pädagogischen Kunst hat diese Arbeit ihren ganz besonderen Wert. Es ist da eigentlich so wie in den Künsten. Ich glaube nicht, daß einer ein ganz richtig gesinnter Künstler ist, der nach Abschluß eines Werkes sich nicht sagte: Jetzt könntest du es eigentlich erst. Ich glaube nicht, daß einer ein richtig gesinnter Künstler ist, der mit irgendeinem Werke, das er gemacht hat, zufrieden ist. Er kann eine gewisse selbstverständliche egoistische Pietät für das haben, was er gemacht hat, aber er kann eigentlich nicht mit ihm zufrieden sein. Ein Kunstwerk, vollendet, verliert ja eigentlich auch für den, der es gemacht hat, einen großen Teil des Interesses. Dieses Interesseverlieren rührt von der eigentümlichen Art des Wissens her, das wir erwerben bei der Gelegenheit, da wir etwas machen; und auf der anderen Seite liegt gerade das Lebendige, das Lebensprossende darinnen, daß es noch nicht in Wissen übergegangen ist.

So ist es ja schließlich auch mit der ganzen menschlichen Organisation. Unser Haupt ist so fertig, wie nur irgend etwas fertig sein kann, denn es ist geformt aus den Kräften unseres früheren Erdenlebens heraus, es ist überreif. Die menschlichen Köpfe sind ja alle überreif – auch die unreifen. Aber unsere übrige Organisation, die ist so, daß sie erst den Keim abgibt zu dem Haupt unseres nächsten Erdenlebens; sie ist sprossend und sprießend, aber sie ist etwas Unfertiges. Unsere übrige Organisation ist etwas, was bis zu unserem Tode nicht eigentlich seine wahre Gestalt zeigt, nämlich die Gestalt der Kräfte, die in ihr wirksam sind. Und daß da in unserem übrigen Organismus eben das flutende Leben ist, das zeigt seine Konstitution: das Verknöchern ist in diesem übrigen Organismus auf ein Minimum beschränkt, in bezug auf das Haupt ist es auf ein Maximum hinaufgeschraubt.

Diese eigentümliche Art von innerster Bescheidenheit, dieses Gefühl des eigenen Werdens – das ist etwas, was den Lehrer tragen muß; denn aus diesem Gefühl geht mehr hervor als aus irgendwelchen abstrakten Grundsätzen. Stehen wir in unserer Schulklasse so drinnen, daß wir uns bewußt sind: Es ist gut, daß wir alles unvollkommen machen, denn dadurch lebt es –, dann werden wir gut unterrichten. Stehen wir dagegen so in der Klasse, daß wir uns fortwährend voll Zufriedenheit die Finger ablecken vor unserer eigenen pädagogischen Vollkommenheit, dann werden wir ganz gewiß schlecht unterrichten.

Nun denken Sie aber, es geschieht so, daß Sie den Unterricht zuerst in der 1. Klasse besorgen, dann in der 2. Klasse, in der 3. Klasse und so fort, so daß Sie tatsächlich alles das durchgemacht haben, was da durchzumachen ist an Aufregungen, Enttäuschungen, meinetwillen auch an Erfolgen. Denken Sie sich, Sie sind einmal durch alle Klassen der Volksschule aufsteigend durchgegangen, Sie haben am Ende jedes Jahres aus einer solchen Stimmung heraus zu sich selbst gesprochen, wie ich es jetzt dargestellt habe, und nun wandern Sie wieder hinunter, meinetwillen von der 8. in die 1. Klasse. Ja, jetzt, so könnte man meinen, muß man sich doch sagen: Ja, aber nun beginne ich etwas mit dem, was ich gelernt habe, nun werde ich es recht machen können, nun werde ich ein ausgezeichneter Lehrer sein! Aber so wird es nicht sein. Die Erfahrung wird Ihnen etwas ganz anderes vor die Seele bringen. Sie werden sich am Ende des 2., des 3. und eines jeden nächsten Schuljahres aus der richtigen Gesinnung heraus ungefähr dasselbe sagen: Ich habe jetzt über sieben-, acht-, neunjährige Kinder erfahren, was ich nur erfahren konnte, indem ich mit ihnen arbeitete; ich weiß am Ende eines jeden Schuljahres, wie ich es hätte machen sollen. – Aber wenn Sie beim 4. oder 5. Schuljahre wieder angekommen sein werden, so werden Sie es wieder nicht wissen, wie Sie es eigentlich hätten machen sollen. Denn jetzt werden Sie korrigieren, was Sie gemeint haben, nachdem Sie ein Jahr unterrichtet haben. Und so werden Sie, nachdem Sie mit dem 8. Schuljahr fertig sind und alles wieder korrigiert haben, und wirklich das Glück haben, beim 1. Schuljahr wieder anzufangen, so werden Sie in derselben Lage sein. Allerdings, Sie werden aus einem anderen Geiste unterrichten. Aber wenn Sie mit einer inneren, wahren, edlen, nicht mit der geckenhaften Skepsis, von der ich gesprochen habe, durch Ihre Lehrerschaft durchgehen, dann werden Sie aus dieser Skepsis heraus eine neue imponderable Kraft bringen, die Sie ganz besonders veranlagen wird, mit den Kindern, welche Ihnen dann anvertraut sind, mehr zu erreichen. Das ist zweifellos richtig. Aber der Effekt im Leben wird eigentlich dann nur ein anderer sein, nicht ein um so viel besserer, sondern ein anderer. Ich möchte sagen, die Qualität desjenigen, was Sie aus den Kindern machen, wird jetzt nicht viel besser sein, als es das erste Mal war; der Effekt wird nur ein anderer sein. Sie werden qualitativ etwas anderes erreichen, nicht so sehr quantitativ mehr erreichen. Sie werden qualitativ etwas anderes erreichen, und das genügt im Grunde genommen. Denn alles, was wir mit der nötigen edlen Skepsis und der inneren Bescheidenheit uns auf die geschilderte Weise aneignen, läuft darauf hinaus, daß wir aus den Menschen Individualitäten machen, Individualitäten im großen. Wir können nicht zweimal dieselbe Klasse haben und zweimal dieselben Abbilder der pädagogischen Schablone in die Welt hinausstellen! Wir können aber der Welt individuell verschiedene Gestaltungen der Menschen übergeben. Wir bewirken Mannigfaltigkeit im Leben; aber die beruht nicht auf dem Ausgestalten abstrakter Grundsätze, sondern diese Mannigfaltigkeit im Leben beruht tatsächlich auf einem gewissen tieferen Erfassen des Lebens, wie wir es jetzt dargestellt haben.

So sehen Sie, daß es vor allem beim Lehrer darauf ankommt, wie er sich zu seinem heiligen Berufe stellt. Das ist nicht ohne Bedeutung; denn das Wichtigste im Unterricht und in der Erziehung sind denn doch die Imponderabilien. Ein Lehrer, der mit solcher Gesinnung das Klassenzimmer betritt, erreicht anderes als ein anderer. Wie im alltäglichen Leben nicht immer das physisch Große das Maßgebende ist, sondern manchmal auch gerade das Kleine, so ist auch nicht immer das, was wir mit den großen Worten machen, das Maßgebende, sondern manchmal ist es jene Empfindung, jenes Gefühl, das wir in uns ausgebildet haben, bevor wir das Klassenzimmer betreten haben. Namentlich aber eines ist von einer großen Wichtigkeit, das ist, daß wir unseren engeren persönlichen Menschen wie eine Schlangenhaut rasch abstreifen, wenn wir in die Klasse hineingehen. Der Lehrer kann ja unter Umständen, da er, wie man manchmal so selbstgefällig sagt, «auch nur ein Mensch» ist, alles mögliche erleben in der Zeit zwischen dem Schluß der Klasse am vorhergehenden Tage und ihrer Eröffnung am nächsten Tage. Er kann erlebt haben, daß ihn inzwischen die Gläubiger gemahnt haben, oder er hat mit seiner Ehefrau einen Zank gehabt, wie es im Leben wohl vorkommt. Das sind Dinge, wo es Verstimmungen gibt. Solche Verstimmungen geben dann eine Grundnuance für die Seelenverfassung ab. Aber auch frohe, freudige Stimmungen können vorkommen. Es kann Ihnen der Vater irgendeines Schülers, weil er Sie besonders gern hat, einen Hasen nach der Jagd geschickt haben, oder, wenn es eine Lehrerin ist, ein Blumenbukett übersandt haben. Es ist ja ganz selbstverständlich im Leben, daß wir solche Stimmungen in uns tragen. Als Lehrer müssen wir uns dazu erziehen, solche Stimmungen abzulegen und nur aus dem Inhalt des Darzustellenden heraus zu reden, so daß wir wirklich in der Lage sind, indem wir den einen Gegenstand darstellen, aus dem Gegenstand heraus tragisch zu sprechen und übergehen können zu einer humorvollen Stimmung, indem wir in unserer Darstellung fortfahren, wobei wir uns ganz dem Gegenstande überlassen. Aber es handelt sich darum, daß wir imstande sind, nun, ich möchte sagen, den ganzen Reflex der Klasse auf Tragik oder Sentimentalität und Humor wahrzunehmen. Dann, wenn wir dies wahrzunehmen imstande sind, werden wir gewahr, daß für die Seelen der Kinder Tragik oder Sentimentalität oder Humor etwas Außerordentliches bedeuten. Und wenn wir den Unterricht getragen sein lassen von einer Abwechslung zwischen Humor und Sentimentalität und Tragik, wenn wir hinüberleiten von der einen Stimmung in die andere und wieder zurück; wenn wir wirklich in der Lage sind, nachdem wir etwas dargestellt haben, wozu wir eine gewisse tragende Schwere brauchten, dann wieder überzugehen in eine gewisse Leichtigkeit – aber ungezwungen, indem wir uns dem Inhalte hingeben –, dann bewirken wir für die Seelenstimmung etwas, was wie Einatmung und Ausatmung für den körperlichen Organismus ist. Beim Lehren handelt es sich darum, daß wir nicht bloß intellektuell oder intellektualistisch lehren, sondern daß wir in der Lage sind, auf die Stimmungen wirklich Rücksicht zu nehmen. Denn, was ist Tragik, was ist Sentimentalität, was ist eine schwere Seelenstimmung? Das ist ganz dasselbe wie ein Einatmen beim Organismus, wie ein Sich-Erfüllen des Organismus mit der Luft. Tragik bedeutet: wir versuchen unseren physischen Leib zusammenzuziehen und immer mehr zusammenzuziehen, so daß wir im Zusammenziehen des physischen Körpers gewahr werden, wie unser astralischer Leib immer mehr und mehr aus dem physischen Leibe herauskommt durch das Zusammendrücken des physischen Leibes. Humorvolle Stimmung bedeutet, daß wir den physischen Körper lähmen, aber umgekehrt jetzt den astralischen Leib möglichst ausdehnen, über die Umgebung ausdehnen, so daß wir gewahr werden, wenn wir zum Beispiel irgendeine Röte nicht bloß anschauen, sondern wenn wir in sie hineinwachsen, wie wir unser Astralisches über die Röte ausdehnen, in sie hineingehen. Das Lachen ist ja nichts anderes, als daß wir den astralischen Leib des Gesichtes aus unserer Physiognomie heraustreiben. Lachen ist nichts anderes als ein astralisches Ausatmen. Nur müssen wir, wenn wir diese Dinge anwenden wollen, ein gewisses Gefühl für Dynamik haben. Es ist ja nicht immer schicklich, daß wir, wenn wir just etwas Schweres, Getragenes haben, so unvermittelt ins Humorvolle hineinkommen; aber wir können immer beim Unterricht die Mittel und Wege finden, um die kindliche Seele sich nicht verfangen zu lassen bei der Schwere, der Tragik, sondern um sie dann frei herauszureißen, so daß sie wirklich dieses Atmen durchmachen kann zwischen den zwei Seelenstimmungen.

Damit habe ich Ihnen einleitend etwas angegeben von dem, was wie Stimmungsnuancen vom Lehrer beim Unterricht beabsichtigt sein sollte, was wirklich so notwendig ist, wie nur irgend etwas von spezieller Pädagogik.

ZWEITER VORTRAG

Stuttgart, 16. September 1920

Man kann natürlich nicht erziehen und nicht unterrichten, wenn man beim Erziehen und Unterrichten nicht gewissermaßen im Geiste erfühlen kann den ganzen Menschen; denn dieser ganze Mensch kommt in der Zeit der kindlichen Entwickelung noch viel mehr in Betracht als später. Wir wissen ja, daß dieser ganze Mensch in sich schließt das Ich, den astralischen Leib, den ätherischen Leib und den physischen Leib. Diese vier Glieder der menschlichen Natur sind nicht etwa in einer gleichmäßigen Entwickelung, sondern sie entwickeln sich in sehr verschiedener Weise, und wir müssen genau unterscheiden zwischen der Entwickelung des physischen Leibes und des Ätherleibes, und der Entwickelung des astralischen Leibes und des Ich. Die äußeren Offenbarungen dieser differenzierten Entwickelung sprechen sich aus – wie Sie aus den verschiedenen Andeutungen, die ich da und dort gemacht habe, wissen – im Zahnwechsel und in derjenigen Veränderung des Menschen, die sich beim männlichen Menschen im Stimmwechsel bei der Geschlechtsreife kundgibt, die sich beim weiblichen Menschen aber auch deutlich kundgibt, nur in einer anderen Weise. Die Grundwesenheit der Erscheinung ist dieselbe wie beim Manne im Stimmwechsel, nur tritt sie beim weiblichen Organismus in einer verbreiterten Weise auf, so daß sie nicht nur an einem Organ wahrzunehmen ist wie beim männlichen Organismus, sondern sich mehr über den ganzen Organismus erstreckt.

Sie wissen, daß zwischen Zahnwechsel und Stimmwechsel oder der Geschlechtsreife die Zeit des Unterrichts liegt, mit der wir es vorzugsweise beim Volksschulunterricht zu tun haben; aber auch die Jahre, die noch nach dem Stimmwechsel oder dessen Entsprechung beim weiblichen Organismus liegen, müssen der Sorgfalt unterliegen beim Unterricht und bei der Erziehung, müssen durchaus mit herangezogen werden.

Vergegenwärtigen wir uns, was der Zahnwechsel bedeutet. Der Zahnwechsel ist der äußere Ausdruck dafür, daß vorher, also zwischen der Geburt und dem Zahnwechsel, in dem kindlichen Organismus der physische Leib und der Ätherleib stark von dem Nerven-Sinnessystem, also von oben nach unten, beeinflußt sind. Der physische Leib und der Ätherleib sind bis ungefähr zum 7. Jahre vom Kopfe aus am wirksamsten beeinflußt. Im Kopfe sind gewissermaßen die Kräfte konzentriert, die in diesen Jahren, in denen die Nachahmung eine so große Rolle spielt, besonders wirksam sind. Und was an Gestaltung im übrigen Organismus vor sich geht, in Rumpf und Gliedmaßen, das geht dadurch vor sich, daß vom Kopfe aus Strahlungen nach dem übrigen Organismus, nach dem Rumpforganismus und dem Gliedmaßenorganismus, dem physischen Leibe und dem Ätherleibe ausgehen. Dasjenige, was da vom Kopfe aus in den physischen Leib und Ätherleib des ganzen Kindes hineinstrahlt bis in die Finger- und Zehenspitzen, was da hineinstrahlt vom Kopf ins ganze Kind, das ist Seelentätigkeit, trotzdem sie vom physischen Leibe ausgeht; ist dieselbe Seelentätigkeit, die später als Verstand und Gedächtnis in der Seele wirkt. Es ist nur so, daß später nach dem Zahnwechsel das Kind anfängt so zu denken, daß seine Erinnerungen bewußter werden. Die ganze Veränderung, die mit dem Seelenleben des Kindes vor sich geht, zeigt, daß gewisse seelische Kräfte in dem Kinde vom 7. Jahre ab tätig sind als Seelenkräfte, die vorher im Organismus wirksam sind. Die wirken im Organismus. Die ganze Zeit bis zum Zahnwechsel, während der das Kind wächst, ist ein Ergebnis derselben Kräfte, die nach dem 7. Jahre als Verstandeskräfte, als intellektuelle Kräfte auftreten.

Da haben Sie ein ganz reales Zusammenwirken zwischen Seele und Leib, indem sich die Seele mit dem 7. Jahre vom Leibe emanzipiert, nicht mehr im Leibe, sondern für sich wirkt. Da fangen mit dem 7. Jahre diejenigen Kräfte, die nun als Seelenkräfte im Leibe selbst neu entstehen, an wirksam zu werden – und sie wirken ja dann bis in die nächste Inkarnation hinein. Und dann wird zurückgestoßen dasjenige, was vom Leibe aus aufstrahlt, und aufgehalten werden andererseits die Kräfte, die vom Kopfe nach abwärts schießen. So daß in dieser Zeit, wenn die Zähne wechseln, der stärkste Kampf sich abspielt zwischen den Kräften, die von oben nach unten streben, und denjenigen, die von unten nach oben schießende Kräfte sind. Es ist der Zahnwechsel der physische Ausdruck dieses Kampfes jener beiden Kräftearten; jener Kräfte, die später beim Kinde zum Vorschein kommen als die Verstandes- und die intellektuellen Kräfte, und jener Kräfte, die besonders verwendet werden müssen im Zeichnen, Malen und Schreiben. Alle die Kräfte, die da heraufschießen, verwenden wir dann, wenn wir aus dem Zeichnen das Schreiben herausentwickeln; denn diese Kräfte wollen eigentlich übergehen in plastisches Gestalten, in Zeichnen und so weiter. Das sind die Kräfte, die im Zahnwechsel ihren Abschluß finden, die vorher den Körper des Kindes ausplastizierten, die Skulpturkräfte, und die wir verwenden später, wenn der Zahnwechsel vor sich gegangen ist, um das Kind zum Zeichnen, zum Malen und so weiter zu bringen. Es sind dies hauptsächlich diejenigen Kräfte, die in das Kind gelegt sind von der geistigen Welt aus, in denen die kindliche Seele gelebt hat vor der Empfängnis, in der geistigen Welt. Sie wirken zuerst kopfbildend als Körperkräfte und dann vom 7. Jahre ab als Seelenkräfte. So daß wir für die Zeit vom 7. Jahre ab für unsere autoritären Einflüsse einfach das beim Kinde herauskriegen, was das Kind vorher als Nachahmung unbewußt übte, indem diese Kräfte unbewußt in den Körper einschlugen. Wenn später aus dem Kinde ein Bildhauer, ein Zeichner oder ein Architekt wird, aber ein richtiger Architekt, der aus den Formen heraus arbeitet, so geschieht das aus dem Grunde, weil ein solcher Mensch die Anlage hat, in seinem Organismus etwas mehr zurückzubehalten von den Kräften, die in den Organismus hinunterstrahlen, etwas mehr zurückzubehalten im Kopfe, so daß auch später noch diese kindlichen Kräfte hinunterstrahlen. Wenn sie aber nicht aufgehalten werden, wenn mit dem Zahnwechsel alles ins Seelische übergeht, so bekommen wir Kinder, die dann keine Anlagen haben für Zeichnen, für Bildhauerisches oder für Architektur, die niemals Bildhauer werden können.

Das ist das Geheimnis: diese Kräfte hängen zusammen mit dem, was wir durchgemacht haben zwischen dem Tode und unserer neuen Geburt. Man bekommt das, was man braucht innerhalb der Erziehungswirksamkeit als die Ehrfurcht, die einen religiösen Charakter haben kann, wenn man sich bewußt wird: Die Kräfte, die du aus dem Kinde herausholst um das 7. Jahr, die du zum Zeichnen- oder Schreibenlernen verwendest, sie schickt dir im Grunde genommen der Himmel; also die geistige Welt schickt herunter diese Kräfte, das Kind ist der Vermittler, und du arbeitest eigentlich mit den aus der geistigen Welt heruntergesendeten Kräften. Diese Ehrfurcht vor dem Geistig-Göttlichen ist, wenn sie den Unterricht durchströmt, tatsächlich etwas, was Wunder wirkt im Unterricht. Und wenn Sie das Gefühl haben: Sie stehen in Verbindung mit den aus der Zeit vor der Geburt aus der geistigen Welt herunter sich entwickelnden Kräften –, wenn Sie dieses Gefühl haben, das eine tiefe Ehrfurcht erzeugt, dann werden Sie sehen, daß Sie durch das Vorhandensein dieses Gefühls mehr bewirken können als durch alles intellektuelle Ausspintisieren dessen, was man tun soll. Die Gefühle, die der Lehrer hat, sind die allerwichtigsten Erziehungsmittel. Und diese Ehrfurcht ist etwas, was ungeheuer bildend auf das Kind wirkt.

So haben wir in dem, was mit dem Kinde beim Zahnwechsel vorgeht, etwas, was unmittelbar eine Umsetzung von geistigen Kräften durch das Kind aus der geistigen Welt in die physische Welt hinein ist.

Ein anderer Vorgang geht vor sich in den Jahren der Geschlechtsreife; aber er bereitet sich langsam vor durch den ganzen Zyklus vom 7. bis zum 14., 15. Jahre. In dieser Zeit lebt in denjenigen Regionen des Seelenwesens, die nicht vom Bewußtsein schon durchstrahlt sind, etwas auf – denn das Bewußtsein bildet sich ja erst, und es strahlt fortwährend von der Außenwelt etwas unbewußt in uns hinein –, da lebt jetzt etwas langsam Bewußtwerdendes auf, was schon von der Außenwelt aus, aber von der Geburt an das Kind durchstrahlt hat, was mitgewirkt hat am Aufbau des kindlichen Körpers und in das Kind hineingefahren ist, in die plastischen Kräfte.

Das sind wieder andere Kräfte. Während die plastischen Kräfte in das Haupt von innen hineingehen, kommen diese Kräfte jetzt von außen, gehen dann in den Organismus hinunter. Ich kann diese Kräfte, die da von der Außenwelt durch das Haupt in den Körper hineinwirken – sie schieben sich durch die plastischen Kräfte und wirken mit bei dem, was vom 7. Jahre ab beim Aufbau des kindlichen Körpers geschieht –, ich kann diese Kräfte nicht anders bezeichnen als: es sind dieselben Kräfte, welche in der Sprache und in der Musik wirken. Diese Kräfte sind aus der Welt aufgenommen.

Diejenigen Kräfte, die musikalischer Art sind, sind mehr aus der äußeren Welt, aus der außermenschlichen Welt aufgenommen, aus der Beobachtung der Natur, aus der Beobachtung der Vorgänge in der Natur, vor allem aus der Beobachtung ihrer Regelmäßigkeiten und Unregelmäßigkeiten. Durch alles das, was in der Natur vor sich geht, geht ja eine geheimnisvolle Musik: die irdische Projektion der Sphärenmusik. In jeder Pflanze, in jedem Tier ist eigentlich ein Ton der Sphärenmusik inkorporiert. Das ist auch noch mit Bezug auf den menschlichen Leib der Fall, lebt aber nicht mehr in dem, was menschliche Sprache ist, das heißt nicht in den Seelenäußerungen, wohl aber im Leibe in seinen Formen und so weiter. Alles das nimmt das Kind unbewußt auf, und das macht, daß Kinder in einem so hohen Grade musikalisch sind. Sie nehmen das alles in den Organismus auf. Dasjenige, was sie an Bewegungsformen, an Linienhaftem, an Plastischem erleben, das kommt von innen, vom Kopf aus. Alles dasjenige dagegen, was an Tongefüge, was an Sprachinhalt vom Kinde aufgenommen wird, das kommt von außen. Und diesem, was von außen kommt, dem wirkt wieder – aber jetzt etwas später, nämlich um das 14. Jahr herum – das von innen aus sich allmählich entwickelnde geistige Element des Musikalisch-Sprachlichen entgegen. Das schoppt sich jetzt wieder zusammen, beim Weibe im ganzen Organismus, beim Manne mehr in der Kehlkopfgegend, und das bewirkt dort den Stimmwechsel. Das ganze wird also dadurch bewirkt, daß hier ein mehr willensartiges Element von innen sich auslebt im Kampfe gegen ein willensartiges Element, das von außen kommt; und in diesem Kampfe drückt sich aus der Stimmwechsel und was bei der Geschlechtsreife herauskommt. Das ist ein Kampf von inneren musikalisch-sprachlichen Kräften mit äußeren musikalisch-sprachlichen Kräften. – Im wesentlichen wird der Mensch bis zum 7. Jahre mehr von plastischen und weniger von musikalischen Kräften, das heißt, weniger den Organismus durchglühenden musikalischen und sprachlichen Kräften durchsetzt. Vom 7. Jahre ab wird aber im Ätherleib besonders stark das Musikalische und Sprachliche tätig. Dann wendet sich das Ich und der astralische Leib dagegen: ein willensartiges Element von außen kämpft mit einem willensartigen Element von innen, und das kommt in der Geschlechtsreife zum Vorschein.

Es ist ja auch nach außen hin manifestiert, daß ein Unterschied zwischen Männlichem und Weiblichem besteht, indem sie die Tonlage anders haben. Nur zum Teil fallen die Höhenlagen der Stimmen beim Mann und bei der Frau übereinander; die Stimme der Frau reicht höher hinauf, die des Mannes geht tiefer, bis zum Baß. Das entspricht ganz genau dem übrigen Bau des Organismus, der sich da herausbildet aus dem Kampfe dieser Kräfte.

Diese Dinge bezeugen, daß wir es im Seelenleben zu tun haben mit dem, was auch im Aufbau des Organismus, aber zu ganz bestimmten Zwecken, mitwirkt. Alle die abstrakten Redereien, die Sie heute in psychologischen Büchern und in jenen psychologischen Auseinandersetzungen finden, die von der heutigen Wissenschaft ausgehen, alle die Redereien von psychophysischem Parallelismus sind ja nichts weiter als das Dokument für die Ignoranz unserer Philosophen, die nichts wissen von dem wirklichen Zusammenhange des Seelischen mit dem Leiblichen. Denn das Seelische hängt nicht nach den unsinnigen Theorien, welche die psychophysischen Parallelisten ausgedacht haben, mit dem Leiblichen zusammen, sondern wir haben es zu tun mit der ganz konkreten Wirkung des Seelischen im Leibe, und dann wieder mit der Reaktion; von einer solchen werden wir gleich noch sprechen. Es wirkt das Plastisch-Architektonische bis zum 7. Jahre zusammen mit dem Musikalisch-Sprachlichen; es ändert sich das nur im 7. Jahre, so daß von da ab nur das Verhältnis zwischen dem Musikalisch-Sprachlichen auf der einen Seite und dem Plastisch-Architektonischen auf der anderen Seite ein anderes ist. Aber die ganze Zeit hindurch bis zur Geschlechtsreife des Menschen findet ein solches Zusammenwirken statt zwischen dem Plastisch-Architektonischen, das vom Haupte ausgeht und dort seinen Sitz hat, und dem Sprachlich-Musikalischen, das von der Außenwelt ausgeht, das von außen kommt, das Haupt als Durchgangspunkt benützt und sich in den Organismus hinein verbreitet.

Daraus ersehen wir, daß auch die menschliche Sprache, vor allem das musikalische Element, mitwirkt bei der Gestaltung des Menschen: Zuerst gestaltet es den Menschen, und nachher staut es sich, indem es halt macht beim Kehlkopf; da geht es durch das Tor nicht mehr so ein wie früher. Früher ist es eben die Sprache, die unsere Organe bis ins Knochensystem ändert. Derjenige, der mit wirklichem psychophysischem Blick, nicht mit dem blöden psychophysischen Blick unserer heutigen Philosophen, sich ein menschlichen Skelett ansieht und die Differenzierung zwischen einem männlichen und einem weiblichen Skelett ins Auge faßt, der sieht im Skelett eine korporisierte musikalische Leistung, die sich abspielt in der Wechselwirkung zwischen dem menschlichen Organismus und der Außenwelt. Es ist das menschliche Skelett gleichsam so zu begreifen, wie wenn man eine Sonate spielen würde und würde sie durch irgendeinen geistigen Kristallisationsvorgang festhalten, man würde so die Hauptformen, die Anordnungsformen des menschlichen Skeletts herauskriegen! Das wird Ihnen auch den Unterschied des Menschen vom Tier bezeugen. Beim Tier ist es so: dasjenige, was vom sprachlich-musikalischen Element aufgenommen wird – vom Sprachlichen sehr wenig, vom Musikalischen aber sehr viel –, das geht, weil gewissermaßen das Tier nicht die Isolierung des Menschen hat, die dann zur Mutation führt, das geht durch das Tier durch. Wir haben auch in der Skelettform des Tieres einen musikalischen Abdruck; der ist aber so, daß erst die verschiedenen zusammengestellten Skelette, zum Beispiel im Museum, einen musikalischen Zusammenhang beim Tier ergeben müßten. Das Tier offenbart immer eine Einseitigkeit in seinem Aufbau.

Das sind Dinge, die wir daher besonders berücksichtigen müßten und die uns zeigen, welche Gefühle wir entwickeln sollen. Bekommen wir mehr Ehrfurcht, indem wir unseren Zusammenhang, unsere Korrespondenz pflegen mit dem Vorgeburtlichen, wie wir sie schon charakterisiert haben, so bekommen wir mehr Begeisterung, Enthusiasmus für den Unterricht aus der Vertiefung in die anderen Kräfte des Menschen. Ein dionysisches Element gleichsam strahlt durch den musikalisch-sprachlichen Unterricht, während wir mehr ein apollinisches Element bekommen für den plastischen Unterricht, für den Mal- und Zeichenunterricht. Den Unterricht, der sich auf das Musikalisch-Sprachliche bezieht, geben wir mit Enthusiasmus, den anderen geben wir mit Ehrfurcht.

Die plastischen Kräfte wirken stärker entgegen, daher werden sie schon mit dem 7. Jahre aufgehalten; die anderen Kräfte wirken schwächer entgegen, daher werden sie erst mit dem 14. Jahre aufgehalten. Das dürfen Sie nicht mit der physischen Stärke und Schwäche nehmen, sondern es ist der Gegendruck gemeint, der ausgeübt wird. Weil die plastischen Kräfte den menschlichen Organismus überwuchern würden, weil sie stärker sind, ist der Gegendruck stärker. Deshalb müssen sie früher aufgehalten werden, während die anderen Kräfte länger im Organismus von der Weltenlenkung drinnengelassen werden. Der Mensch wird länger mit den musikalischen Kräften durchsetzt als mit den plastischen.

Wenn Sie dies in sich reifen lassen und den nötigen Enthusiasmus dafür haben, dann werden Sie sich sagen können: Mit dem, was du an Sprachlichem, an Musikalischem gerade in der Volksschulzeit in dem Kinde anklingen läßt, wenn jener Kampf noch vorhanden ist, und wo du noch auf die Körperlichkeit, nicht nur auf die Seele allein wirkst, mit dem bereitest du das vor, was noch über den Tod hinaus wirkt, was der Mensch noch über den Tod hinaus trägt. – Daran arbeiten wir im wesentlichen mit bei alldem, was wir an Musikalisch-Sprachlichem dem Kinde während der Volksschulzeit beibringen. Und das gibt uns einen gewissen Enthusiasmus, weil wir wissen, wir arbeiten damit in die Zukunft hinein. Wirken wir dagegen mit den plastischen Kräften, dann korrespondieren wir mit dem, was vor der Geburt, vor der Empfängnis schon im Menschen lag; das gibt uns Ehrfurcht. Wir arbeiten mit dem anderen in die Zukunft hinein; wir legen unsere eigenen Kräfte hinein und wissen: wir befruchten den musikalisch-sprachlichen Keim mit etwas, was nach dem Abstreifen des Physischen an der Sprache und der Musik in die Zukunft hinüber wirkt. Die Musik ist dadurch physisch, daß sie ein Abglanz des Sphärischen in der Luft ist. Die Luft ist gewissermaßen das Medium, das die Töne physisch macht, und wiederum ist es die Luft im Kehlkopf, welche auch die Sprache physisch macht; während das, was nicht physisch ist in der Sprachluft, was nicht physisch ist in der Musikluft, dasjenige ist, was erst nach dem Tode seine richtige Wirksamkeit entfaltet. Das gibt uns einen gewissen Enthusiasmus für unseren Unterricht, weil wir wissen, wir wirken damit in die Zukunft hinein.

Ich glaube, die Zukunft der Pädagogik wird darin bestehen, daß nicht mehr gesprochen wird zu Lehrern, wie das heute geschieht, sondern daß gesprochen wird in lauter Ideen und Vorstellungen, die sich in Gefühle umwandeln können. Denn auf nichts kommt es mehr an, als daß wir imstande sind, in uns selbst als Lehrer die nötige Ehrfurcht und den nötigen Enthusiasmus auszubilden, um den Unterricht mit Ehrfurcht und Enthusiasmus auszuüben. Ehrfurcht und Enthusiasmus, das sind die geheimen Grundkräfte, welche als die zwei Kräfte in Betracht kommen, die die Lehrerseele eben durchgeistigen müssen.

Ich möchte nur erwähnen, damit Sie die Sache noch besser verstehen, daß das musikalische Element namentlich im menschlichen astralischen Leib lebt. Nach dem Tode trägt der Mensch noch eine Zeitlang seinen astralischen Leib. Solange er ihn trägt, bis er ihn abstreift – Sie kennen das aus meinem Buche «Theosophie» –, ist immer noch eine Art Rückerinnerung, es ist nur eine Art Erinnerung, an die irdische Musik im Menschen nach dem Tode vorhanden. Daher kommt es, daß dasjenige, was der Mensch im Leben als Musikalisches aufnimmt, nach dem Tode nachwirkt wie eine musikalische Erinnerung, etwa noch so lange, bis der Mensch seinen astralischen Leib abgestreift hat. Dann verwandelt sich die irdische Musik im nachtodlichen Leben in Sphärenmusik und bleibt als Sphärenmusik bis einige Zeit vor der neuen Geburt. Das ist etwas, was Ihnen die Sache dem Verständnis näherbringen wird, wenn Sie wissen, daß das, was der Mensch von Musik hier auf der Erde aufnimmt, eine sehr starke Rolle spielt bei der Ausgestaltung seines Seelenorganismus nach dem Tode. Der wird da ausgestaltet während dieser Zeit des Kamaloka. Das ist das Gute der Kamalokazeit, und im wesentlichen können wir das, was die Katholiken Fegefeuer nennen, den Menschen erleichtern, wenn wir das wissen, allerdings nicht, indem wir ihnen das Anschauen abnehmen; das müssen sie ja haben, weil sie sonst unvollkommen bleiben würden, wenn sie nicht eine Anschauung von dem haben könnten, was sie Unvollkommenes getan haben. Aber wir bringen eine Möglichkeit hinein, daß der Mensch im nächsten Leben besser gebildet ist, wenn er in jener Zeit nach dem Tode, wo er seinen astralischen Leib noch hat, viele Erinnerungen an Musikalisches haben kann. Das kann auf einer verhältnismäßig noch niederen Stufe des Okkultismus schon studiert werden. Sie brauchen nur einmal, wenn Sie ein Konzert angehört haben, in der Nacht aufzuwachen, und Sie werden gewahr werden, daß Sie das ganze Konzert vor dem Aufwachen noch einmal erlebt haben. Sie erleben es jetzt sogar viel besser, wenn Sie so nach dem Konzert in der Nacht aufwachen. Sie erleben es sehr treulich. Da wird das Musikalische in den astralischen Leib hineingeprägt, das bleibt darin und das schwingt nach; das bleibt noch etwa 30 Jahre nach dem Tode. Das Musikalische schwingt viel länger nach als das Sprachliche; das Sprachliche als solches verlieren wir verhältnismäßig rasch nach dem Tode, und es bleibt nur der spirituelle Extrakt von ihm zurück. Das Musikalische erhält sich so lange, als der astralische Leib sich erhält. – Das Sprachliche kann uns eine große Wohltat nach dem Tode werden, wenn wir es namentlich oft so aufgenommen haben, wie ich jetzt öfter die Rezitationskunst beschreibe. Ich habe natürlich alle Veranlassung, darauf hinzuweisen, wenn ich die Rezitationskunst so beschreibe, daß diese Dinge nicht richtig aufgefaßt werden können, wenn wir nicht dazu den eigentümlichen Verlauf des astralischen Leibes nach dem Tode ins Auge fassen. Man muß die Dinge dann etwa so beschreiben, wie ich sie bei den eurythmischen Vorträgen beschreibe. Man muß da gleichsam in der Sprache der Botokuden zu den Menschen reden. Ja, es ist wirklich so: vom Standpunkte jenseits der Schwelle aus gesehen sind die Menschen eigentlich wie Botokuden, und erst jenseits der Schwelle sind sie wirkliche Menschen. Und wir arbeiten uns nur aus dem botokudenhaften Standpunkt heraus, wenn wir uns in das Geistige hineinarbeiten; deshalb ja auch die Wut der Botokuden gegenüber unseren Bestrebungen, die jetzt ja in immer stärkerem Maße zutage tritt.

Nun möchte ich Sie noch aufmerksam machen, weil es besonders bei der pädagogischen Kunst sehr stark in Betracht kommt und wir es pädagogisch verarbeiten können, daß in diesem Kampfe, den ich zuerst geschildert habe so, daß Sie sehen, sein äußerer Ausdruck ist der Zahnwechsel, und in jenem späteren Kampfe, dessen Äquivalent der Stimmwechsel ist, daß bei diesem Kampfe das Eigentümliche vorliegt, daß er noch einen besonderen Charakter hat: Alles, was in der Zeit bis zum 7. Jahre vom Kopfe aus nach unten geht, das nimmt sich aus gegenüber dem, was ihm von innen entgegenkommt und was aufbaut, wie ein Angriff. Und alles, was von innen heraus wirkt gegen den Kopf hin, was da aufsteigt und der vom Kopf ausgehenden Strömung entgegenwirkt, ist gegenüber dem, was absteigt, wie eine Abwehr. Das andere nimmt sich aus wie ein Angriff; das von innen heraus nimmt sich aus wie eine Abwehr.

Und wieder ähnlich ist es beim Musikalischen. Da nimmt sich dasjenige, was von innen herauskommt, wie ein Angriff aus, und was von oben durch den Kopforganismus durchgeht nach unten, nimmt sich aus wie die Abwehr. – Würden wir nicht Musik haben, dann würden eigentlich furchtbare Kräfte im Menschen aufsteigen. Ich bin vollständig davon überzeugt, daß bis zum 16., 17. Jahrhundert hin Traditionen aus den alten Mysterien heraus gewirkt haben, und daß in diesen Zeiten noch Leute unter dem Einfluß dieser Mysteriennachwirkung geschrieben und gesprochen haben, die nicht mehr vollständig den Sinn dieser Wirkung kannten, daß aber in manchen, was noch in verhältnismäßig später Zeit auftritt, einfach Reminiszenzen alter Mysterienkenntnisse vorliegen; so daß ich eigentlich immer außerordentlich berührt war von dem Worte *Shakespeares:* Der Mann, der nicht Musik hat in sich selbst, taugt zu Verrat, Mord und Tücke! Traut keinem solchen. – Es wurde in den alten Mysterienschulen den Schülern mitgeteilt: Das, was im Menschen von innen heraus attackierend wirkt, und was fortwährend abgewehrt werden muß, was zurückgestaut wird für die menschliche Natur, das ist «Verrat, Mord und Tücke», und die Musik, die im Menschen vorgeht, ist das, was dem entgegenwirkt. Die Musik ist das Abwehrmittel für die aus dem Inneren des Menschen heraufsteigenden luziferischen Kräfte: Verrat, Mord, Tücke. Wir haben alle Verrat, Mord und Tücke in uns, und die Welt hat nicht umsonst neben dem, daß es dem Menschen Freude macht, das musikalischsprachliche Element in sich. Sie hat es, um den Menschen zum Menschen zu machen. Man muß dabei natürlich im Auge haben, daß die alten Mysterienlehrer etwas anders gesprochen haben; sie haben die Dinge mehr konkret ausgesprochen. Sie würden nicht gesagt haben – bei Shakespeare hat es sich schon abgeschattet –: Verrat, Mord und Tücke –, sondern sie würden gesagt haben: Schlange, Wolf, Fuchs. – Die Schlange, der Wolf, der Fuchs – sie werden durch das musikalische

Element abgewehrt aus der inneren menschlichen Natur. Die alten Mysterienlehrer würden immer Tierformen gebraucht haben für dasjenige, was da aus dem Menschen aufsteigt, und was erst zum Menschen umgestaltet werden muß. Und so ist es schon, daß wir den rechten Enthusiasmus bekommen, wenn wir die verräterische Schlange aus dem Kinde aufsteigen sehen und sie durch den musikalisch-sprachlichen Unterricht bekämpfen, und ebenso den mordenden Wolf und den tückischen Fuchs oder die Katze. Das ist das, was uns dann mit dem vernünftigen, mit dem richtigen Enthusiasmus, nicht mit dem brennenden, luziferischen Enthusiasmus, den man heute allein anerkennt, durchsetzen kann. Also, wir müssen erkennen: Attacke und Abwehr.

Der Mensch hat in sich zwei Niveauflächen, an denen abgewehrt wird; zunächst abgewehrt in ihm selber: die Abwehr kommt im Zahnwechsel zum Vorschein im 7. Jahre. Und dann wieder das, was er aufgenommen hat an Musikalisch-Sprachlichem: dadurch wird abgewehrt, was in ihm aufsteigen will. Aber beide Schlachtfelder sind eigentlich im Menschen drinnen: das Musikalisch-Sprachliche mehr gegen die Peripherie zu, nach der Außenwelt; das Architektonisch-Plastische mehr nach dem inneren Menschen, der inneren Welt zu. Aber es gibt noch ein drittes Schlachtfeld; das liegt an der Grenze zwischen dem Ätherleib und der Außenwelt. Der Ätherleib ist immer größer als der physische Leib, ragt überall über ihn hervor. Da ist auch ein solches Schlachtfeld. Da geht der Kampf mehr unter dem Einfluß des Bewußtseins vor sich, wogegen die beiden anderen Kämpfe mehr im Unterbewußten ablaufen. Der dritte Kampf geht mehr im Bewußtsein vor sich. Er kommt zum Ausdruck, wenn sich alles herausarbeitet, was Umsetzung dessen ist, was zwischen dem Menschen und dem Plastisch-Architektonischen vor sich geht auf der einen Seite, und dem, was zwischen dem Menschen und dem Musikalisch-Sprachlichen vor sich geht, wenn dieses in den Ätherleib sich hineinlebt, dadurch den Astralleib ergreift, und so mehr an die Peripherie, an die äußere Grenze verlegt wird. Dadurch entsteht all das, was durch die Finger schießt im Zeichnen und Malen und so weiter. Das ist das, was die Malkunst zu einer mehr in der Umgebung des Menschen wirkenden Kunst macht. Der Zeichner, der Plastiker muß mehr aus der inneren Anlage arbeiten, der Musiker muß mehr aus der Hingabe an die Welt arbeiten. Dasjenige, was sich im Malerisch-Zeichnerischen auslebt, wozu wir das Kind erziehen, indem wir es Formen und Linien machen lassen, das ist ein Kampf, der sich ganz an der Oberfläche abspielt, ein Kampf, der im wesentlichen zwischen zwei Kräften sich abspielt: die eine Kraft wirkt von außen nach innen, die andere von innen nach außen. Die Kraft, welche von innen nach außen wirkt, die will eigentlich den Menschen fortwährend zersplittern; sie will das Menschenbilden fortsetzen, sie will es nicht stark, aber in einer feinen Weise fortsetzen. Diese Kraft, sie will einen so machen – ich muß es etwas radikaler ausdrücken, es ist nicht so stark, aber indem ich es so radikal aufplustere, werden Sie sehen, was ich meine –, diese von innen nach außen wirkende Kraft will uns die Augen aufquellen lassen, will uns einen Kropf machen, will uns die Nase groß wachsen lassen und die Ohren größer machen: alles das will nach außen quellen. Eine andere Kraft ist da, die wir von der Außenwelt aufsaugen und durch die dieses Aufquellen abgewehrt wird. Und wenn wir nur einen Strich machen, etwas zeichnen, so ist es die Bemühung, von der Außenwelt herein dasjenige abzuwenden, was von innen heraus uns deformieren will. Es ist eine komplizierte Reflexbewegung, die wir als Menschen im Malerischen, im Zeichnerischen, im Graphischen ausführen. Wir haben tatsächlich, indem wir zeichnen, oder die Leinwand vor uns haben, in dem etwas aufglimmenden Bewußtsein das Gefühl: Du läßt da etwas nicht in dich herein, was da draußen ist; du machst in den Formen und Strichen dicke Wände oder Stacheldrähte. – In den Zeichnungen haben wir eigentlich solche Stacheldrähte, mit denen wir etwas, was von innen heraus uns zerstören will, auffangen und nicht schnell genug zur Wirkung kommen lassen. Daher wirkt der Zeichenunterricht am besten, wenn wir ihn vom Menschen aus studieren; wenn Sie studieren, was die Hand für Bewegungen machen möchte, wenn Sie beim Eurythmieunterricht vom Kinde die Formen festhalten lassen, diese Bewegungen, die es machen will, dann haben Sie die Linie, die zerstörend wirken will, festgehalten, und sie wirkt dann nicht zerstörerisch. Wenn Sie also anfangen die eurythmischen Formen zeichnen zu lassen und das Zeichnen und dann auch das Schreiben aus diesen herausformen lassen, dann haben Sie etwas, was die menschliche Natur eigentlich will, was mit dem Werden und Wesen der menschlichen Natur zusammenhängt. Und dies sollten wir auch bei der Eurythmie wissen: wir haben im Ätherleib fortwährend die Tendenz, Eurythmie zu treiben; das ist etwas, was der Ätherleib einfach von selbst macht. Eurythmie ist ja nichts anderes, als die ganzen Bewegungen abzulesen von dem, was der Ätherleib machen will; er macht eigentlich diese Bewegungen und wird nur abgehalten, wenn wir sie vom physischen Leibe ausführen lassen. Wenn wir sie vom physischen Leibe ausführen lassen, werden sie im Ätherleib zurückgehalten und wirken dann wieder auf uns zurück und wirken dadurch gesundend auf den Menschen.

Das ist dasjenige, was in einer gewissen Weise im Menschen sowohl hygienisch-therapeutisch als auch didaktisch-pädagogisch nach außen schon wirkt. Das sind Dinge, die erst verstanden werden, wenn wir wissen: es muß etwas, was in der ätherischen Organisation des Menschen zutage treten will, an der Peripherie aus den Bewegungen des physischen Leibes aufgehalten werden. Das eine Mal wird mehr ein willensmäßiges Element aufgehalten bei der Eurythmie, das andere Mal ein mehr intellektualistisches Element beim Zeichnen und Malen. Aber im Grunde genommen ist der Vorgang so, daß es nur zwei Pole ein und derselben Sache sind.

Wenn wir diesen Vorgang wiederum durchfühlen und in unsere empfindende Lehrbefähigung einverleiben, dann haben wir das dritte Gefühl, das wir brauchen, das Gefühl, das uns eigentlich gerade während des Volksschulunterrichtes immer durchdringen soll: daß der Mensch, indem er in die Welt tritt, eigentlich Dingen ausgesetzt ist, vor denen wir ihn schützen müssen durch den Unterricht; er würde sonst zu stark in die Welt ausfließen. Der Mensch hat eigentlich immer die Anlage, seelisch rachitisch zu werden, seine Glieder rachitisch zu machen, ein Gnom zu werden. Und indem wir ihn unterrichten und erziehen, formen wir an ihm. Dieses Formen bekommen wir am besten ins Gefühl, wenn wir verfolgen, wie das Kind eine Zeichnung macht, aber dies dann etwas glätten, so daß nicht das zustande kommt, was das Kind will, auch nicht, was ich will, sondern ein Ergebnis von beidem. Wenn ich das zustande bringe, daß ich das glätte, was das Kind hinfahren lassen will mit dem Finger, aber mein Empfinden hineinlege, mein Mitempfinden, so daß meine Empfindungen mit dem Kinde mitleben, dann kommt das Beste heraus. Wenn ich das in eine Empfindung umwandle und mich damit durchdringe, dann kommt heraus ein Schützen des Kindes vor einem allzu starken Zusammenwachsen mit der Außenwelt. Wir müssen das Kind langsam in die Außenwelt hineinwachsen lassen, dürfen es nicht zu schnell hineinwachsen lassen. Wir haben fortwährend eine schützende Hand über dem Kinde, und das ist das dritte Gefühl.

Ehrfurcht, Enthusiasmus und schützendes Gefühl, das sind die drei Dinge, die tatsächlich, ich möchte sagen, die Panazee, das Allheilmittel in der Seele des Erziehers und Lehrers sind. Und wollte man äußerlich, künstlerisch etwas schaffen wie eine Gruppe der Verkörperung von Kunst und Pädagogik, man müßte dieses schaffen:

Ehrfurcht vor dem, was dem Dasein des Kindes vorangeht.

Enthusiastischer Hinweis auf das, was dem Kinde nachfolgt.

Schützende Bewegung für das, was das Kind erlebt.

In dieser Formung der Lehrernatur würde auch die äußere Offenbarung des Lehrers am besten sich darstellen lassen.

Das sind Dinge, wo man sieht, wie man etwas, was man aus den Intimitäten der Weltgeheimnisse heraus sagt, eigentlich immer als unbefriedigend empfindet, wenn es durch die konventionelle Sprache gesagt wird. Muß man aber solche Dinge durch die äußere Sprache sagen, so hat man das Gefühl: da ist eine Ergänzung notwendig. Da ist immer etwas, wo das mehr abstrakt Sprachliche in das Künstlerische übergehen will. Deshalb wollte ich diesen Schlußpunkt machen.

Das müssen wir lernen. Wir müssen lernen, etwas von der Zukunftsstimmung in uns zu tragen, die darin bestehen wird, daß der Besitz der bloßen Wissenschaft den Menschen zu etwas macht, wodurch er sich ansieht als eine Art Zwerggeburt seelisch-geistig. Wer bloß Wissenschafter ist, wird nicht den Trieb haben, sei es auch nur durch die Formung der Gedanken, das Wissenschaftliche umzugestalten ins Künstlerische. Erst im Künstlerischen begreift man die Welt. Aber immer kann man sagen: Wem die Natur ihr Geheimnis enthüllt, der empfindet eine Sehnsucht nach der Kunst.

Man sollte das Gefühl haben: Insofern du bloß Wissenschafter bist, bist du ein Mondkalb! Erst wenn du umgestaltest deinen seelisch-geistig-körperlichen Organismus, wenn dein Wissen künstlerische Form annimmt, wirst du zum Menschen. Im wesentlichen wird die zukünftige Entwickelung führen – dazu hat der Pädagoge mitzuwirken – von der Wissenschaft zum künstlerischen Erfassen der Welt, von der Mißgeburt zum Vollmenschen.

DRITTER VORTRAG

Stuttgart, 21. September 1920

Im Leben kommt es darauf an, daß die Beziehungen des Menschen zu seiner Umwelt in der richtigen Weise geregelt werden. Man kann diejenigen Produkte, welche die Außenwelt liefert, in entsprechender Weise essen und verdauen; man würde sich aber nicht mehr gut ernähren, wenn man ein von Menschen bis zu einem gewissen Grade bereits verdautes Produkt als Speise aufnehmen würde. Das bezeugt Ihnen, daß es darauf ankommt, daß gewisse Dinge in einer bestimmten Form von außen aufgenommen werden und dadurch für das Leben ihre Bedeutung gewinnen, daß sie dann vom Menschen selbst weiter verarbeitet werden.

So ist es auf einem höheren Gebiete auch, zum Beispiel mit der Pädagogik, der Erziehungskunst. Es kommt bei der Erziehungskunst darauf an, was man lernen soll, und was man durch das Gelernte bei der Handhabung des Unterrichtes selbst eigentlich erst erfinden soll. Wenn man Pädagogik als Wissenschaft lernt, bestehend in allerlei Prinzipien und formulierten Sätzen, so bedeutet das für die Erziehungskunst ungefähr dasselbe, wie wenn man in bezug auf die Ernährung bis zu einem gewissen Grade von Menschen schon verdaute Nahrungsmittel sich zu seiner Ernährung auswählte. Wenn man dagegen Menschenkunde, die Erkenntnis vom Wesen des Menschen, lernend sich aneignet und so den Menschen verstehen lernt, dann nimmt man dasjenige auf, was dem entspricht, was die Natur als Nahrungsmittel gibt. Und im Handhaben des Unterrichtes erwacht uns dann aus dieser Menschenerkenntnis heraus immer ganz individuell die pädagogische Kunst selber. Die muß in jedem Augenblick durch den Lehrer im Grunde genommen erfunden werden. Das ist es, was ich gerade der heutigen Betrachtung vorausschicken möchte.

Im Unterricht und im Erziehen webt sich in einer merkwürdigen Weise dasjenige ineinander, was ich auf der einen Seite nennen möchte das Musikalische, das tonhafte Element der Welt, durch das Hören, und was auf der anderen Seite zu bezeichnen ist als das bildhafte Element der Welt, das sich kundgibt durch das Sehen. Natürlich mischen sich hinein in dasjenige, was durch das Hören auf der einen Seite, durch das Sehen auf der anderen Seite dem Menschen vermittelt wird, andere Sinnesqualitäten, die unter Umständen schon für den Unterricht dann auch eine sekundäre Bedeutung haben können, aber nicht dieselbe große Bedeutung haben wie Sehen und Hören.

Nun handelt es sich darum, daß wir bis in die Leiblichkeit hinein diese Vorgänge wirklich verstehen. Sie wissen, die äußere Wissenschaft unterscheidet heute am Menschen sogenannte Sinnesnerven, die von den Sinnen zum Gehirn beziehungsweise zu dem Zentralorgan gehen sollen und dort vermitteln sollen alles, was Wahrnehmen und Vorstellen ist, und sie unterscheidet von diesen Sinnesnerven die sogenannten motorischen Nerven, die von dem Zentralorgan aus zu den Bewegungsorganen hingehen sollen und die Bewegungsorgane in Bewegung setzen sollen. Sie wissen, daß wir vom Gesichtspunkte der Initiationswissenschaft aus diese Gliederung anfechten müssen. Es besteht absolut kein solcher Unterschied zwischen den sogenannten Sinnesnerven und den motorischen Nerven. Beide sind ein und desselben Wesens, und die motorischen Nerven dienen im wesentlichen zu nichts anderem als dazu, in dem Augenblick, wo wir uns bewegen sollen, das bewegende Organ und den Bewegungsvorgang selbst wahrzunehmen; sie haben nichts zu tun mit der Impulsierung des Willens als solchem. Daher werden wir also sagen können: Wir haben Nerven, welche von unserer Peripherie mehr gegen das Zentrum hingehen, und dann haben wir Nerven, die vom Zentrum aus zu den Enden der Bewegungsorgane verlaufen. Aber das sind im Grunde genommen einheitliche Nervenstränge, und das Wesentliche ist nur, daß diese einheitlichen Nervenstränge unterbrochen sind, daß also gewissermaßen der innervierende seelische Strom, der zum Beispiel von einem Sinnesnerven nach dem Zentrum geht, im Zentrum unterbrochen wird und nun überspringen muß, wodurch aber der innervierende Seelenstrom nichts anderes wird – wie etwa ein elektrischer Funke oder der elektrische Strom durch eine Umschaltungsstelle überspringt, wo die Übertragung unterbrochen ist –, auf den sogenannten motorischen Nerv, der aber in jeder Beziehung dadurch zu nichts anderem wird, der vielmehr genau dasselbe ist wie der Sinnesnerv. Er ist nur dazu veranlagt, den Bewegungsvorgang und das bewegende Organ selbst wahrzunehmen. Aber es gibt etwas, das uns besonders intim hineinschauen läßt in diesen ganzen organischen Vorgang, in dem ineinanderwirken die seelischen Strömungen und die leiblichen Vorgänge.

Nehmen wir einmal an, um davon auszugehen, wir leben in dem Wahrnehmen eines Bildes; wir leben also in dem Wahrnehmen von etwas, was vorzugsweise durch das Sehorgan vermittelt wird, einer Zeichnung, irgendeiner beliebigen Form, die in unserer Umgebung lebt, kurz von irgend etwas, was unser Seeleneigentum dadurch wird, daß wir Augen haben. Da müssen wir nun unterscheiden zwischen drei sehr scharf voneinander zu sondernden inneren Tätigkeiten: erstens dem Wahrnehmen als solchem. Dieses Wahrnehmen als solches spielt sich eigentlich im Sehorgan ab.

Dann haben wir davon zu unterscheiden das Verstehen. Und wir müssen uns hierbei über eines klar sein: alles Verstehen wird vermittelt durch das rhythmische System des Menschen, nicht durch das Nerven-Sinnessystem. Durch das Nerven-Sinnessystem wird lediglich das Wahrnehmen vermittelt; und wir verstehen zum Beispiel irgendeinen Bildvorgang auch nur dadurch, daß sich der rhythmische Vorgang, der reguliert wird vom Herzen und von der Lunge, durch das Gehirnwasser in das Gehirn hinauf fortpflanzt. Jene Vibrationen im Gehirn, die dort vorgehen und die ihre Erregung im rhythmischen System des Menschen haben, vermitteln in Wahrheit körperlich das Verstehen. Verstehen können wir dadurch, daß wir atmen.

Sie sehen, wie falsch heute vielfach diese Dinge von der Physiologie angesehen werden! Das Verstehen, so glaubt man, hätte etwas zu tun mit dem Nervensystem des Menschen. In Wirklichkeit aber beruht es darauf, daß das rhythmische System dasjenige in Empfang nimmt, was von uns wahrgenommen und vorgestellt wird, und es weiter verarbeitet. Dadurch aber, daß das rhythmische System mit dem Verstehen zusammenhängt, kommt das Verstehen in enge Beziehung zum Fühlen des Menschen. Und wer intime Selbstwahrnehmung pflegt, wird sehen, welche Zusammenhänge bestehen zwischen dem Verstehen und dem eigentlichen Fühlen. Im Grunde genommen müssen wir die Wahrheit eines Verstandenen fühlen, wenn wir uns dazu bekennen wollen. Es treffen da eben in uns zusammen dasjenige, was vom verstehenden Erkennen kommt, mit dem Seelischen des Fühlens durch das rhythmische System.

Dann aber gibt es noch ein Drittes: das ist, die Sache so aufzunehmen, daß das Gedächtnis sie behalten kann. Wir haben also bei jedem solchen Vorgang zu unterscheiden: Wahrnehmen, Verstehen und soweit innerliches Verarbeiten des Verstandenen, daß das Gedächtnis es behalten kann. Und dieses Dritte ist nun verbunden mit dem Stoffwechselsystem. Jene feinsten inneren Stoffwechselvorgänge, die im Organismus vor sich gehen, auf die wir wohl zu achten haben, und die uns namentlich als Erzieher bekannt sein müssen, hängen mit dem Gedächtnis, mit dem Erinnerungsvermögen zusammen. Beobachten Sie nur einmal, wie unterschiedlich im Erinnern Kinder sind, die blaß sind, gegenüber solchen Kindern, die rotes, gutes Inkarnat haben; oder wie unterschiedlich in bezug auf das Erinnerungsvermögen die verschiedenen Menschenrassen voneinander sind. All das sind Dinge, die auf den feinsten Gliederungen und Vorgängen des Stoffwechsels beruhen. Und wenn wir zum Beispiel als Erzieher in der Lage sind, einem bläßlichen Kinde so beizukommen, daß wir ihm etwas gesunden Schlaf verschaffen, so daß es eine gewisse größere Erregung im Inneren für die feineren Vorgänge des Stoffwechsels hätte, so können wir damit seinem Gedächtnis gut aufhelfen. Aber auch dadurch können wir seinem Gedächtnis aufhelfen, daß wir als Lehrer uns bemühen, den rechten Pulsschlag zu halten zwischen dem bloßen Zuhören und dem Selbstarbeiten des Kindes. Nehmen Sie einmal an, Sie lassen das Kind zuviel zuhören; dann kommt es zwar zum Wahrnehmen und auch zur Not zum Verstehen, weil es ja fortwährend atmet und dadurch das Gehirnwasser in Regsamkeit hält; aber der Wille des Kindes wird zu wenig angespannt. Der Wille hängt nun, wie Sie wissen, mit dem Stoffwechsel zusammen. Wenn Sie also das Kind zu sehr an das Zuschauen und Hinhören sich gewöhnen lassen und es zu wenig selbst arbeiten lassen, so daß dadurch – weil das innere Verarbeiten mit dem Stoffwechsel und mit dem Willen zusammenhängt – der Wille zu wenig in Tätigkeit kommt, so werden Sie das Kind nicht gut erziehen und unterrichten können. Sie müssen also den richtigen Pulsschlag zwischen Zuhören und Zuschauen und eigener Arbeit finden. Denn das wird nicht gut bewahrt, was nicht im Menschen so verarbeitet wird, daß der Wille in den Stoffwechsel hinein arbeitet und dadurch das Erinnerungsvermögen angefeuert wird. Das sind feine Dinge in der Physiologie, die mit der Geisteswissenschaft allmählich sehr genau werden durchschaut werden müssen.

Während sich dies alles auf das bildliche, durch das Sehen vermittelte Erleben bezieht, ist es anders bei allem, wo Tönendes, mehr oder weniger Musikalisches in Betracht kommt; wobei ich nicht nur das in der Musik lebende Musikalische meine, das nur diese Dinge besonders anschaulich macht und wofür es allerdings vorzüglich gilt, sondern alles, was mit dem Hörbaren zusammenhängt, was mehr in der Sprache und so weiter lebt. Alles das meine ich, wenn ich jetzt vom Tönenden spreche. Da ist nun der Vorgang gegenüber dem, was ich eben geschildert habe – so paradox es klingt –, gerade der umgekehrte. Dasjenige, was im Ohr Sinnesorganisation ist, hängt in einer sehr feinen Weise innerlich mit allen den Nerven zusammen, welche die heutige Physiologie motorische nennt, die aber in Wirklichkeit dasselbe wie die Sinnesnerven sind; daß alles dasjenige, was von uns als Ertönendes erlebt wird, wahrgenommen wird durch die in unsere gliedliche Organisation eingebetteten Nervenstränge. Alles Musikalische muß zuerst tief in unseren Organismus eindringen – und dazu sind die Nerven des Ohres schon organisiert –, muß zuerst tief in unsere ganze Organisation eindringen und muß dasjenige ergreifen, wohinein sonst nur der Wille wirkt in den Nerven, um in der richtigen Weise wahrgenommen zu werden. Denn diejenigen Territorien im menschlichen Organismus, die bei den bildhaften Erlebnissen die Erinnerung vermitteln, diese Territorien sind es, die beim Musikalischen, beim Hörbaren, die Wahrnehmung vermitteln. Suchen Sie also im Organismus diejenigen Partien, welche für die Gesichtswahrnehmungen das Gedächtnis ausbilden, so finden Sie in denselben Partien diejenigen Nerven, welche für die Hörwahrnehmung das Wahrnehmen selbst vermitteln. Darin liegt zum Beispiel der Grund, warum *Schopenhauer* und andere die Musik so eng mit dem Willen in Zusammenhang gebracht haben. Wo für die Sehvorstellungen erinnert wird, nämlich in den Willensbezirken, da wird wahrgenommen für die Gehörvorstellungen. Verstanden wird auch für die Gehörvorstellungen durch das rhythmische System. Und das ist das Bedeutsame in der menschlichen Organisation, daß sich die Dinge in einer so eigentümlichen Weise verschlingen. Unsere Bildvorstellungen kommen mit unseren Gehörvorstellungen zusammen und verweben sich zu einem gemeinsamen inneren Seelenleben dadurch, daß sowohl die Bildvorstellungen wie die Gehörvorstellungen durch das rhythmische System verstanden werden. Verstanden wird alles, was wir wahrnehmen, durch das rhythmische System. Wahrgenommen werden die Gesichtsvorstellungen durch den abgesonderten Kopforganismus, und wahrgenommen werden die Gehörvorstellungen durch den ganzen gliedlichen Organismus. Die Gesichtsvorstellungen haben eine Strömung nach dem Organismus hinein; die Gehörvorstellungen haben eine Strömung von dem Organismus aufwärts. Das müssen Sie nun zusammenbringen mit dem, was ich in der ersten Stunde gesagt habe. Das läßt sich sehr gut zusammenbringen, wenn man es empfindet. Und dadurch, daß sich beide Welten begegnen im rhythmischen System, entsteht dasjenige in unserem seelischen Erleben, was gemeinsam in sich schließt Gehörerlebnisse und Gesichtserlebnisse. Und erinnert wird das Musikalische, erinnert wird alles Hörbare nun in demselben Bezirk, wo das Sichtbare seine Sinnes-Nervenorgane hat. Das sind zu gleicher Zeit diejenigen Organe – Sinnes-Nervenorgane, scheinbar, so nennt sie die äußere Physiologie –, die wieder in Wirklichkeit solche Organe sind, die zusammenhängen mit dem Stoffwechsel, die den feineren Stoffwechsel des Kopfbezirkes vermitteln und durch den die musikalischen Erinnerungen zustande kommen. In denselben Bezirken, wo das Wahrnehmen für die Gesichtsvorstellungen zustande kommt, da kommt das musikalische Erinnern, überhaupt das Erinnern des Hörbaren zustande. In denselben Bezirken, in denen wir das Sichtbare wahrnehmen, erinnern wir uns des Hörbaren. In denselben Bezirken, in denen wir uns des Sichtbaren erinnern, nehmen wir das Hörbare wahr. Und die beiden überkreuzen sich wie eine Lemniskate im rhythmischen System, wo sie ineinander-, übereinandergreifen.

Wer jemals jenes, von dem Menschen so selbstverständlich genommene, aber so wunderbare und rätselvolle musikalische Erinnern, das musikalische Gedächtnis studiert hat, der wird finden, wie grundverschieden dieses musikalische Gedächtnis, das auf einer bestimmten feinen Organisation des Kopfstoffwechsels beruht, zwar dem allgemeinen Charakter nach auch mit dem Willen verwandt ist und dadurch mit dem Stoffwechsel, wie es aber in einem ganz anderen Bezirk des Leibes lokalisiert ist als das Erinnern der Gesichtsvorstellungen, das wieder mit dem Willen zusammenhängt.

Sehen Sie, wenn Sie diese Dinge in Erwägung ziehen, dann werden Sie das ganze Komplizierte des Sprachvorganges auch auf Ihre Seele wirken lassen können. Im Sprachvorgang haben wir von innen heraus wirkend etwas, worin sich dadurch, daß das rhythmische System so nahe mit dem Sprachorgan verbunden ist, erst das Verstehen auslebt. Aber es lebt sich in einer eigentümlichen Weise aus, und da darf ich Sie wohl, um diese Sache voll zum Verständnis zu bringen, an die Goethesche Farbenlehre erinnern. Denken Sie einmal daran, wie *Goethe* – abgesehen davon, daß er die rot-gelbe Seite der Farbenwelt die warme, und die blau-violette Seite die kalte nennt – nahe aneinanderrückt die Farbenwahrnehmung und die Tonwahrnehmung; wie er gewissermaßen in der rot-gelben Seite des Spektrums anders «tönen» sieht als in der blau-violetten Seite und wie er das zusammenbringt mit Dur und Moll, also mit gewiß schon intimeren Seiten der Tonerlebnisse. Man findet dies besonders in denjenigen Partien, die dann von seinen naturwissenschaftlichen Schriften aus dem ungedruckten Material in der Weimarischen Ausgabe veröffentlicht sind, und von mir in dem letzten Bande meiner Kürschnerschen Ausgabe dann nachgeholt sind. Und wir können uns schon sagen: Wenn wir das, was mehr in der Art des Beschreibens Goethe so in seiner Farbenlehre gibt, wenn wir das jetzt übertragen auf den inneren Menschen, so kommt etwas Besonderes heraus. Es ist gewissermaßen im Inneren des Menschen so, daß in dem Sprechen zunächst das Tönen lebt. Ja, es lebt im Sprechen das Tönen, aber dieses Tönen wird ja in einer gewissen Beziehung verändert. Ich möchte sagen, es wird dieses Tönen durchsetzt von etwas, was es «abstumpft» im Sprechen. Und es ist wirklich nicht bloß ein bildlicher Vergleich, sondern etwas, was mit realen Vorgängen zu tun hat, wenn wir sagen, der eigentliche Ton wird im Sprechen «gefärbt». Dasselbe, was, wenn wir die Farbe «tonlich» wahrnehmen, dann mit der äußeren Farbe geschieht – wir nehmen an der äußeren Farbe auch nicht den Ton wahr, aber wir hören gewissermaßen aus jeder Farbe etwas herausklingen –, dasselbe geschieht innerlich: wir sehen nicht eine Farbe, wenn wir I oder U sprechen, so wenig wie wir die Töne hören, wenn wir Gelb oder Blau sehen. Aber dasselbe Erlebnis, das wir haben, wenn wir die Farbe tönend erleben, haben wir, wenn wir den Ton aus der Sprache heraus lautend erleben. Da schieben sich ineinander Gesichtswelt und Tonwelt. Was wir draußen im Raume sehen als Farbe, das trägt einen ganz offenbaren Schaucharakter und einen intimen Toncharakter, der dann so in uns hineingeht, wie ich es in einer der vorhergehenden Stunden beschrieben habe. Was von innen als Sprache an die Oberfläche des Menschen kommt, trägt einen Toncharakter offenbar, aber einen intimen Farbencharakter im Lautieren, der sich wieder mehr so heraufarbeitet, wie ich das beschrieben habe mehr beim Menschen bis zum 7. Lebensjahre. Sie sehen daraus, daß in der Außenwelt das Farbige mehr offenbar gehalten wird, in der menschlichen Innenwelt mehr das Tönende offenbar gehalten wird, und daß unter dieser Oberfläche in der Außenwelt die Weltenmusik schwimmt; unter der Oberfläche des Tönenden im Inneren des Menschen schwimmt und bewegt sich ein geheimnisvoll-farbiges Astrales.

Und wenn Sie nun die eigentliche Sprache, diesen wunderbaren, sich vom Menschen absondernden Organismus richtig verstehen, dann fühlen Sie, indem die Sprache aus dem Menschen erklingt, zu gleicher Zeit die ganzen Vibrationen des astralischen Leibes, die da drinnen sind in den farbigen Schwingungen, die unmittelbar in die Sprache übergehen. Sonst wirken sie ja auch im Menschen, aber sie kommen in eine sonderbare Aufregung, konzentrieren sich zum Kehlkopf hin, bekommen ihre Einschläge von Sonne und Mond, und das gibt etwas wie ein Spiel im astralischen Leib, das sich äußerlich offenbart in den Bewegungen des Kehlkopfes. Und jetzt haben Sie die Möglichkeit, wenigstens als ein Bild vor Ihnen stehend: Sie hören irgendeiner Sprache zu, schauen den astralischen Leib an, der dann seine Vibrationen sogleich auf den Ätherleib überträgt, wodurch das Ganze noch intimer wirkt; Sie zeichnen nun das Ganze, dadurch bekommen Sie nur Bewegungen, die im menschlichen Organismus begründet sind, und Sie erhalten jene Eurythmie, die immer ausgeführt wird gemeinsam vom astralischen Leib und Ätherleib, wenn der Mensch spricht. Es ist keine Willkür möglich, sondern es wird dadurch lediglich in die Sichtbarkeit heruntergeholt, was sonst fortwährend unsichtbar geschieht.

Warum tun wir das gegenwärtig? Ja, wir tun es, weil es in uns liegt, gegenwärtig bewußt diejenigen Sachen machen zu müssen, die wir früher unbewußt gemacht haben; denn alle Entwickelung des Menschen besteht darin, daß nach und nach das erst bloß geistig existierende Übersinnliche sich ins Sinnliche herunterbewegt. Die Griechen zum Beispiel haben noch eigentlich mit der Seele gedacht; es war ihr Denken noch ganz seelisch. Die modernen Menschen, besonders seit der Mitte des 15. Jahrhunderts, denken mit dem Gehirn. Der Materialismus ist eigentlich eine ganz richtige Theorie für den modernen Menschen. Denn was die Griechen noch in der Seele erlebten, das hat sich allmählich abgedrückt im Gehirn, das vererbt sich im Gehirn von Generation zu Generation, und die neueren Menschen denken schon mit den Abdrücken des Gehirns; sie denken schon durch materielle Vorgänge. Das mußte so kommen. Man muß nur wieder hinauf; man muß nur zu diesen Vorgängen hinzufügen das Sich-Erheben des Menschen zu denjenigen Ergebnissen, die aus der übersinnlichen Welt kommen. Daher müssen wir dem Hineinprägen des früheren Seelischen in den Leib jetzt den Gegenpol entgegenstellen, das freie Ergreifen des Geistig-Übersinnlichen durch die Geisteswissenschaft. Aber damit die Menschheitsentwickelung fortgehe, müssen wir dieses Hinuntertragen des Übersinnlichen in das Sinnliche bewußt in die Hand nehmen. Wir müssen den Körper des Menschen, diesen sinnlichen Körper, so in die sichtbare Beweglichkeit bewußt versetzen, wie es bisher nur im Unsichtbaren, unbewußt für uns, geschehen ist. Damit setzen wir dann den Weg der Götter bewußt fort, indem wir die Arbeit der Götter noch übernommen haben: die Einprägung des Denkens in das Gehirn, indem wir aus dem Übersinnlichen der Eurythmie, aus der übersinnlichen Eurythmie die sinnliche machen. Würden wir das nicht machen, so würde die Menschheit allmählich in ein seelisches Träumen verfallen;

sie würde schlafend werden. Es würde so werden, daß zwar aus den geistigen Welten heraus allerlei in das menschliche Ich und in den astralischen Leib hineinfluten würde, aber das würde immer im Schlafzustande geschehen, und beim Erwachen würde es sich niemals auf den physischen Organismus übertragen.

Wenn die Menschen Eurythmie treiben, so ist es so, daß Eurythmisten und Zuschauern im Leben gedient wird; beide haben etwas Wesentliches davon. Bei denen, die selbst Eurythmisten sind, wird der physische Organismus durch die Bewegungen der Eurythmie zu einem geeigneten Aufnahmeorgan für die geistige Welt gemacht, weil die Bewegungen herunter wollen aus der geistigen Welt. Es werden gewissermaßen die Eurythmisten Aufnahmeorgane für Vorgänge der geistigen Welt, indem sie ihren Körper dafür vorbereiten. Bei denen, die Zuschauer in der Eurythmie sind, wird gewissermaßen, was an Bewegungen in bezug auf ihren astralischen Leib und ihr Ich lebt, durch die Bewegungen der Eurythmie intensiviert. Könnten Sie nach einer Eurythmieaufführung plötzlich in der Nacht aufwachen, dann würden Sie sehen, daß Sie noch viel mehr in sich haben als nach einer Sonate, wenn Sie ein Abendkonzert gehört haben und in der Nacht wieder aufwachen; das tritt bei der Eurythmie in noch stärkerem Maße auf. Das stärkt die Seele, indem es die Seele lebendig sich einleben läßt in das Übersinnliche. Es muß nur auch da eine gewisse Hygiene herrschen. Denn wenn es zuviel wird, so zappelt die Seele in der geistigen Welt des Nachts, wenn der Mensch schlafen soll, und dieses Zappeln würde im Seelischen drinnen das Gegenbild für die physische Nervosität sein.

Sie sehen, wie diese Dinge uns darauf hinweisen, immer realer und realer diesen wunderbaren Bau der menschlichen Organisation wahrzunehmen. Es zeigt sich uns auf der einen Seite herab ins Physische, wo alles darauf hinweist, daß nichts existiert in unserem Leibe, was nicht durchgeistigt ist, und auf der anderen Seite sehen wir das Geistig-Seelische, was darauf hinstrebt, daß nichts mehr im Menschen geistigseelisch ist, was nicht das physische Erleben verarbeitet. Und besonders interessant ist es, wenn man dann solche Dinge, wie ich sie heute wieder gesagt habe, auf sich wirken läßt und als Anregungen betrachtet. Wenn Sie zum Beispiel jetzt lebhafte Meditationsvorstellungen sich bilden über das ganze Leben des Musikalischen im Menschen in den Willensbezirken des Sichtbaren, und wieder über das gedächtnismäßige Erleben im Musikalischen, über das Leben der musikalischen Erinnerungen in den Vorstellungsbezirken des Sichtbaren – und umgekehrt, wenn Sie das, was in den Vorstellungsbezirken des Hörbaren ist, in Zusammenhang bringen mit dem, was in den Gedächtnisbezirken des Sichtbaren ist –, wenn Sie alle diese Dinge zusammenbringen und Meditationsvorstellungen sich daraus bilden, dann können Sie sicher sein, daß eines in Ihnen angeregt wird: eine tiefe Erfindungskraft, die Sie brauchen, wenn Sie erziehend dem Kinde gegenüberstehen.

Die Betrachtungen, die eine geisteswissenschaftliche Pädagogik so anstellt, wie wir sie angestellt haben, gehen alle darauf aus, den Menschen intimer kennenzulernen. Aber wenn Sie dann über diese Dinge meditierend nachdenken, so können Sie gar nicht anders als bewirken, daß diese Dinge in Ihnen weiterwirken. – Sehen Sie, wenn Sie zum Beispiel ein Butterbrot essen, so haben Sie es zunächst mit einem bewußten Vorgang zu tun; aber was dann weiter geschieht, wenn das Butterbrot den komplizierten Verdauungsprozeß durchmacht, so ist das etwas, worauf Sie nicht viel wirken können; aber dieser Prozeß geht vor sich, und Ihr allgemeines Leben hängt damit stark zusammen. Wenn Sie nun Menschenkunde studieren, wie wir es getan haben, so erleben Sie das zunächst bewußt; meditieren Sie nachher darüber, so geht ein innerer geistig-seelischer Verdauungsprozeß in Ihnen vor sich, und der macht Sie zum Erzieher und Unterrichter. Geradeso, wie Sie der Stoffwechsel zum sonst lebenden Menschen macht, so macht Sie dieses meditierende Verdauen einer wahren Menschenkunde zum Erzieher. Sie stehen eben einfach dem Kinde als Erzieher ganz anders gegenüber, wenn Sie das durchgemacht haben, was eben erst folgt aus einer wirklichen anthroposophischen Menschenkunde. Das, was wird aus uns, was in uns wirkt, wodurch wir Erzieher werden, das geht im meditierenden Erarbeiten einer solchen Menschenkunde vor sich. Und solche Betrachtungen wie die heutigen, wenn wir sie immer wieder und wieder in uns erwecken, wenn wir auch nur 5 Minuten am Tage darauf zurückkommen, sie bringen alles innere Seelenleben in Bewegung. Wir werden innerlich so gedanken- und empfindungsfruchtbare Menschen, daß alles nur so aus uns heraussprudelt. Abends meditieren Sie über Menschenkunde, und morgens quillt Ihnen heraus: Ja, mit dem Hans Müller mußt du jetzt dies oder jenes machen – oder: Bei diesem Mädchen fehlt es an dem und dem und so weiter. Kurz, Sie wissen, was Sie für den speziellen Fall anwenden müssen.

Es kommt im Menschenleben darauf an, daß man in dieser Weise das Innere mit dem Äußeren zusammenarbeiten läßt. Man braucht gar nicht einmal so viel Zeit dazu. Wenn Sie einmal dafür Force bekommen haben, dann können Sie innerlich in drei Sekunden erarbeiten, was Sie dann in der Sprache oft, wenn Sie es auf die Erziehung anwenden, für einen ganzen Tag versorgt. Da hört die Zeit auf ihre Bedeutung zu haben, wenn es sich darum handelt, das Übersinnliche zum Leben zu bringen. Der Geist hat eben andere Gesetze. Geradeso wie wenn Sie beim Aufwachen einen Gedanken haben können, dessen Zeitinhalt zum Beispiel Wochen in Anspruch nehmen kann – er ist Ihnen aber durch den Kopf geschossen in einer Zeit, die kaum anzugeben ist –, geradeso kann umgekehrt das, was Ihnen aus dem Geiste herausfließen kann, sich dann verlängern. Wie sich beim Traume alles zusammenzieht, so verlängert sich das, was uns aus dem Geiste erfließt. So können Sie jetzt durch ein solches meditierendes Sich-Hineinleben in die anthroposophische Menschenkunde es dahin bringen, daß Sie, wenn Sie im 40. oder 45. Jahre sind, in fünf Minuten die ganze Umwandlung des inneren Menschen haben, die Sie für Ihren Unterricht brauchen, und die Sie dann im äußeren Leben zu etwas ganz anderem macht, als Sie früher gewesen sind.

Von solchen Dingen sprechen diejenigen Schriften, die von Menschen herrühren, welche so etwas erlebt haben. Man muß es verstehen. Man muß aber auch verstehen, daß dasjenige, was von einzelnen Individualitäten in einem ganz besonderen Maße erlebt wird und nun sein Licht auf das ganze Leben hinwerfen kann, beim Erzieher sich im kleinen abspielen muß.

Er muß Menschenkunde aufnehmen, Menschenkunde verstehen durch Meditieren, an Menschenkunde sich erinnern: da wird das Erinnern lebendiges Leben. Es ist nicht bloß ein Erinnern wie sonst, sondern ein Erinnern, welches neue innere Impulse aus sich heraustreibt.

Da kommt die Erinnerung quellend aus dem geistigen Leben, und da überträgt sich in unser äußeres Arbeiten dasjenige, was als dritte Etappe kommt: Nach dem meditierenden Verstehen kommt das schaffende, das schöpferische Sich-Erinnern, das zugleich ein Aufnehmen aus der geistigen Welt ist. So also haben wir: Zuerst ein Aufnehmen oder Wahrnehmen der Menschenkunde, dann ein Verstehen, ein meditierendes Verstehen dieser Menschenkunde, indem wir in uns immer mehr hineingehen, innerlich hineingehen, wo die Menschenkunde empfangen wird von unserem ganzen rhythmischen System, und dann haben wir ein Erinnern der Menschenkunde aus dem Geistigen heraus. Das heißt, aus dem Geiste heraus pädagogisch schaffen, pädagogische Kunst werden. Gesinnung muß das werden, Seelenverfassung muß das werden.

So müssen Sie den Menschen anschauen, daß Sie auch da diese drei Etappen fortwährend in sich fühlen. Und je mehr Sie dazu kommen, sich zu sagen: Da ist mein äußerer Leib, da ist meine Haut; das umschließt in mir den die Menschenkunde Aufnehmenden, den die Menschenkunde meditierend Verstehenden, den von Gott durch das Erinnern der Menschenkunde Befruchteten – je mehr Sie dieses Gefühl in sich tragen, desto mehr sind Sie Erzieher und unterrichtender Erzieher.

VIERTER VORTRAG

Stuttgart, 22. September 1920

Wenn wir den Menschen in seiner Konstitution betrachten und dann diese Erkenntnis auf den werdenden Menschen, auf das Kind anwenden, so ergibt sich das Folgende: Aus den geistigen Welten herein kommt, ich möchte sagen, auf einer Art astralischen Flügeln, die Ichheit des Menschen. Wenn wir das Kind zunächst in den ersten Lebensjahren betrachten, wie es sich entwickelt, wie es Grad für Grad aus seinem tiefen Inneren die Physiognomie an die Oberfläche des Leibes bringt, wie es immer mehr und mehr die Gewalt über seinen Organismus bekommt, so ist das, was wir da sehen, im wesentlichen die Einverleibung des Ich. Wenn wir uns diese Einverleibung des Ich betrachten, so können wir das, was eigentlich vorgeht, in verschiedener Weise charakterisieren, und Sie kennen ja hauptsächlich schon zwei Arten, wie dies zu charakterisieren ist.

In den letzten Zeiten ist von mir mehr davon gesprochen worden, wie mit dem Zahnwechsel dasjenige, was organisierend im physischen Leibe ist, sich emanzipiert, während des Zahnwechsels herauskommt und im wesentlichen die Intelligenz bildet. So kann man den Vorgang von einer gewissen Seite her schildern. Man kann ihn auch so schildern, wie es in früheren Zeiten geschehen ist, wo von einem anderen Gesichtspunkte aus das Material zum Verständnis des Menschen herbeigetragen worden ist und wo gesagt wurde: Mit dem Zahnwechsel wird der Ätherleib des Menschen geboren; der physische Leib des Menschen wird mit der Geburt geboren, der Ätherleib mit dem 7. Jahre ungefähr. Was so auf der einen Seite Geburt des Ätherleibes genannt werden kann, ist dasselbe, was auf der anderen Seite genannt werden kann das Emanzipieren der Intelligenz vom physischen Leibe. Es ist nur die zweiseitige Schilderung derselben Tatsache. Sie wird im Grunde genommen erst richtig erfaßt, wenn wir in dieser Weise zwei solcher Anschauungen synthetisch zusammenfassen. In der Geisteswissenschaft läßt sich nicht anders charakterisieren, als daß man von verschiedenen Seiten her sich einer Sache nähert und die sich ergebenden verschiedenen Anschauungen dann zusammenschaut. Geradesowenig wie in einem einzigen Ton eine Melodie gegeben werden kann, so wenig können Sie das, was geisteswissenschaftlicher Inhalt ist, mit einer einzigen Charakteristik umfassen; Sie müssen die Charakteristik von verschiedenen Seiten nehmen. Das ist das, was in früheren Zeiten Menschen, welche etwas davon wirklich wußten, genannt haben: Zusammenhören, die verschiedenen Erklärungen zusammenhören.

Nun, was geschieht weiter? In das, was da eigentlich frei wird – ob wir es nun Ätherleib oder ob wir es Intelligenz nennen –, in das strömt gewissermaßen das schon mit der Geburt heruntergestiegene Ich ein und durchorganisiert es nach und nach; so daß also in dieser Zeit stattfindet ein Durcheinanderströmen des ewigen Ich mit dem, was sich da bildet: die freiwerdende Intelligenz, der geborenwerdende Ätherleib.

Und wenn wir dann die nächste Zeit betrachten, die Zeit vom 7. bis zum 14. Jahre, also bis zur Geschlechtsreife, so können wir wieder von der einen Seite sagen, ein willensartiges Element, ein musikalisches Element wird gewissermaßen aufgenommen. Der Vorgang wird schon so am besten geschildert seiner einen Seite nach, wenn wir sagen: aufgenommen; denn es ist das musikalische Element, das eigentlich in der Außenwelt liegt. Durchvibriert wird allerdings das, was da an Musikalischem, an Tonlichem aufgenommen wird, durch den astralischen Leib. Der wird dadurch von dem Zusammenhange, den er früher gehabt hat mit der ganzen Organisation, emanzipiert. Wir können deshalb von der anderen Seite auch in bezug auf das Kind sagen: Mit der Geschlechtsreife erfolgt die Geburt des astralischen Leibes. – Aber wieder ist es das Ich, das sich jetzt als Ewiges mit dem, was sich da emanzipiert, verbindet; so daß wir von der Geburt bis zur Geschlechtsreife, also bis zum Ende der Volksschulzeit und auch noch darüber hinaus, ein fortwährendes Sichbefestigen des Ich in der ganzen menschlichen Organisation haben. Vom 7. Jahre an befestigt sich das Ich nur noch im Ätherleibe; vorher aber, wenn der Mensch ein Nachahmer ist, befestigt sich gerade durch diese nachahmende Tätigkeit das Ich im physischen Leibe; und dann später, noch nach der Geschlechtsreife, befestigt das Ich sich im astralischen Leibe. Also es ist ein fortwährendes Durchdringen der menschlichen Organisation mit dem Ich, die sich konkret so ausnimmt, wie ich es gesagt habe.

Diese ganze Tatsachenwelt hat ein ungeheure Bedeutung für den Erzieher. Denn im Grunde genommen sollte alles Erziehen und Unterrichten gewissermaßen künstlerisch – wie ich das angedeutet habe in dem Aufsatze über das künstlerische Element in der Erziehung im letzten Heft der «Sozialen Zukunft» – so vor sich gehen, daß es diesen Prozeß des Eingliederns des Ich in die andere menschliche Organisation, wie ich es jetzt beschrieben habe, immer im Auge hat; es sollte durch eine künstlerische Erziehung der Prozeß des Eingliederns des Ich in die menschliche Organisation geleitet werden. Was ist damit gemeint?

Damit ist gemeint, daß zum Beispiel das Ich nicht gewissermaßen zu gründlich hineingehen darf in den physischen Leib, Ätherleib und astralischen Leib, daß es aber auch wieder nicht zu stark draußen gehalten werden darf. – Wenn es sich zu gründlich hineinsetzt in die menschliche Organisation, zu intensiv sich mit ihr verbindet, so wird der Mensch ein zu materielles Wesen; er denkt dann nur mit dem Gehirn, ist ganz abhängig von seiner Organisation, kurz, er wird zuviel Körper; das Ich wird zu stark aufgenommen von der Organisation. Das müssen wir vermeiden. Wir müssen durch die Erziehung zu vermeiden suchen alles dasjenige, was das Ich zu stark aufsaugen läßt von der Organisation, zu stark abhängig werden läßt. Sie werden den ganzen Ernst dieser Sache begreifen, wenn ich sage, daß das Wesen mancher Verbrecher, mancher brutaler Menschen darin besteht, daß man das Ich zu stark hat aufsaugen lassen in den Jahren des Wachstums. Das, was dann der Anthropologe bei einem solchen Menschen als die Ihnen ja bekannten Degenerationsmerkmale konstatiert, die beim Verbrecher gefunden werden, stellt sich sehr häufig heraus – es kommt erst richtig ausgebildet heraus in diesen späteren Jahren – als ein zu starkes Aufsaugen des Ich von seiten der übrigen Organisation. Und wenn auch der Mensch mit den Verbrecherohrläppchen geboren wird, so ist es um so notwendiger, daß wir dann erst recht darauf sehen, daß das Ich nicht zu tief hineinsinkt in die übrige Organisation. Wir können nämlich durch eine richtige künstlerische Behandlung in der Erziehung vermeiden, daß bei einem Menschen mit Degenerationszeichen das Ich zu tief hineinsinkt in die Organisation; dann bewahren wir ihn davor, ein Verbrecher zu werden.

Auf der anderen Seite können wir aber auch in den entgegengesetzten Fehler verfallen. Es ist da eine Schwierigkeit. So wie man bei einer Waage ein zu kleines oder ein zu großes Gewicht auf die Waagschale legen kann – bei einem zu kleinen Gewicht geht die andere Waagschale nicht hoch, bei einem zu großen geht sie zu hoch, und wir müssen erst wieder ausgleichen –, so steht man bei den Tatsachen des Lebens ebenfalls einer solchen Wirklichkeit gegenüber. Das Gebiet der Wirklichkeit ist niemals in stramme Begriffe zu fassen; man kann immer, wenn man einen Fehler gutmachen will, in den anderen Fehler verfallen. Daher ist es gegenüber dem Kinde durchaus so, daß es auf die Intimitäten des Lebens ankommt, daß wir niemals einseitig zu stark das eine oder das andere heranziehen, sondern ein Gefühl dafür haben müssen, daß man bei der Erziehung künstlerisch ausbalancieren muß. Wenn man nämlich nicht dafür sorgt, daß das Ich sich in richtiger Weise mit der Organisation verbindet, dann kann es auch so sein, daß es zu stark draußen bleibt, und die Folge ist, daß der Mensch ein Träumer oder Schwärmer wird, oder überhaupt für das Leben unbrauchbar wird, indem er sich wieder phantastische Vorstellungen macht. Das ist der andere Fehler, daß man das Ich zuwenig in die Organisation untersinken läßt. Und selbst die Menschen, die als Kinder eine Anlage zur Schwärmerei, zur falschen Romantik, zur Theosophie im falschen Sinne zeigen, können für das weitere Leben davor bewahrt werden durch den Erzieher, wenn man darauf achtgibt, daß das Ich nicht zu sehr draußen bleibt aus der übrigen Organisation, sondern sich in der richtigen Weise mit ihr durchdringt. Wenn man bei Kindern das bekannte Theosophenmerkmal findet, ein kleiner Berg, der von der Stirne aus etwas rückwärts gelegen, ein bißchen ansteigt – das bekannte Theosophenmerkmal, das alle die, die Theosophenanlage haben, mit in die Welt bringen –, so handelt es sich darum, daß wir bei solchen Kindern dann darauf bedacht sind, die Neigung zur Schwärmerei und zur falschen Romantik durch ein stärkeres Hineindrücken des Ich in die Organisation zu vermeiden. Wie aber tun wir das eine und wie das andere?

Wir können etwas nach diesen Seiten hin tun, indem wir uns bekanntmachen mit den Mitteln, mit denen wir so etwas bewältigen können, und das sind die folgenden: Alles, was Geometrie und Arithmetik ist, was notwendig macht, daß der Mensch sich zahlenmäßige und raumesmäßige Vorstellungen macht, das trägt dazu bei, wenn es vom Kinde aufgenommen und verarbeitet wird, unterrichtlich und erzieherisch, daß das Ich sich hineinsetzt in den Organismus. Auch alles dasjenige, was im Sprachlichen hinneigt zum Musikalischen, also das Rhythmisch-Rezitative und so weiter, trägt dazu bei, daß das Ich sich in den Organismus in der richtigen Weise hineinsetzt. Die Musik, namentlich in der Weise angewandt, daß wir bei einem etwas zur Schwärmerei neigenden Kinde das Tongedächtnis ausbilden, also vorzugsweise das Erinnern des Musikalischen, wird in außerordentlich wohltätiger Weise bei einem solchen Kind wirken. Das sind die Mittel, mit denen wir arbeiten müssen bei einem Kinde, bei dem wir bemerken, daß das Ich nicht recht hinein will in den Organismus, das leicht schwärmerisch bleiben könnte. Und in dem Augenblicke nun, wo wir merken, daß das Kind zu materiell wird, daß das Ich zu stark abhängig wird von seinem Körper, brauchen wir nur in der Geometrie etwas mehr die sonst mit den Gedanken erfaßten Gebilde äußerlich zeichnen zu lassen. In dem Augenblick, wo wir das Kind die geometrischen Formen zeichnen lassen, schaffen wir wieder ein Gegengewicht gegen das Einsaugen des Ich. Sie sehen, man kann durchaus, wenn man die Unterrichtsgegenstände in der richtigen Weise benutzt, richtig erziehen.

Bemerkt man bei einem Kinde, das durch seine Anlage oder durch sonstige Verhältnisse vorzugsweise im Musikalischen unterwiesen werden sollte, daß es vom Organismus zu stark abhängig wird, daß es ein schweres Element in seinen Gesang hineinmischt, dann müssen wir versuchen, es auf das augenblickliche Hören hinzuleiten und weniger stark auf das Tongedächtnis. Wir können also den Versuch machen, überall zu regulieren: auf der einen Seite durch die Dinge, die ich charakterisiert habe, dem Kinde zum Einsaugen des Ich zu verhelfen, auf der anderen Seite aber auch das Ich davor bewahren, zu stark eingesaugt zu werden, wenn wir zwischen den Extremen nicht die richtige Balance gehalten haben. – Beim Sprachunterricht ist es besonders gut, wenn wir versuchen, regulierend zu wirken. Alles Musikalische an der Sprache trägt dazu bei, das Ich einsaugen zu lassen. Merke ich bei einem Kinde, daß dies zu stark geschieht, so versuche ich, mit ihm irgend etwas zu tun, was mehr auf den Sinn, auf den Inhalt der Sprache geht. Ich beschäftige mich dann so mit dem Kinde, daß ich es zu Dingen aufrufe, die mehr auf den Sinn gehen. Bemerke ich dagegen, daß das Kind zu schwärmerisch wird, so versuche ich, es dazu aufzurufen, daß es mehr das Rezitatorische, das Rhythmische, das Taktmäßige der Sprache aufnehmen muß. Das muß man sich als Erzieher künstlerisch aneignen, und darin kann man es schon zu einer gewissen Force bringen.

Nun aber gibt es Lehrgegenstände, durch die man ganz besonders das zu starke Aufgesogenwerden des Ich von der übrigen Organisation vermeiden kann. Das sind vor allen Dingen Geograpie, Geschichte und alles, was sich auf das Bildnerische, auf das Zeichnerische bezieht. In hervorragender Weise ist das namentlich dadurch möglich, wenn man zum Beispiel das Geschichtliche erzählerisch so entwickelt – das ist das Wichtige dabei –, daß das Kind einen starken Gemütsanteil an der Erzählung nimmt, daß man ihm an Persönlichkeiten starken Gemütsanteil, Verehrung oder meinetwillen auch Haß entwickelt, wenn diese Persönlichkeit, die man schildert, eine hassenswerte ist. Damit trägt man im Geschichtsunterricht ganz besonders dazu bei, daß das Kind nicht zu materiell wird. Und hat man nun wieder durch den Einblick in die Entwickelung des Kindes, den man sich auch verschaffen muß, den Eindruck gewonnen, daß man nun das Kind durch ein Zuviel an solchem Geschichtsunterricht ein bißchen nach dem Schwärmerischen hinüber balanciert hat, merkt man: das Kind beginnt ein bißchen zu schwärmen – dann muß man etwas anderes versuchen. Und das alles muß jetzt mit dem Lehrplan vereinigt werden. Man muß damit in den richtigen Jahren anfangen, und daher ist es gut, wenn man ein solches Kind durch die Jahre hindurch im Auge behält. Wenn man sieht, ein Kind wird durch die Geschichtserzählung zu schwärmerisch, dann muß man, wenn die Zeit dafür da ist, die Geschichte durchsetzen mit Ideen, mit den großen Zusammenhängen. Also: Das individuelle Behandeln dieser oder jener Ereignisse oder Persönlichkeiten in der Geschichte bewahrt das Kind vor einem zu starken Aufsaugen des Ich in der Körperlichkeit; das Durchsetzen der Geschichte mit Ideen, die über ganze Zeiträume gehen, befördert das Hineingehen des Ich.

Und wiederum: durch vieles Zeichnen und vieles Bildnerische kann sehr leicht das Ich herausgehoben werden aus dem Organismus, und das kann auch das Kind schwärmerisch machen. Da ist sogleich das Gegenmittel da, indem man bei solchem Kinde, das an dem Zeichnen oder Malen oder sogar auch im Schreiben schwärmerisch wird, versucht, daß es sinnvoll das Gezeichnete auffaßt: wenn ich das Kind eine Rosette zeichnen lasse, es dabei etwas denken lasse, oder bei einem Buchstaben es die Buchstabenform bewundern lasse, sie ihm ins Bewußtsein rufe und so weiter. Während das Kind durch das bloße Schreiben und Zeichnen außer sich kommt, kommt es durch das Betrachten des Gezeichneten und Geschriebenen in sich.

Das sind solche Dinge, die uns zeigen, wie wir erziehend und unterrichtend diese Einzelheiten des Unterrichts, wenn wir sie wirklich aus dem Künstlerischen heraus treiben, in der richtigen Weise benutzen können. Es ist ganz besonders notwendig, daß wir uns mit solchen Dingen wirklich abgeben. Nehmen Sie zum Beispiel den Geographieunterricht. Im allgemeinen trägt er dazu bei, daß das Ich nicht zu stark aufgesogen wird vom Organismus, so daß wir ihn gut benützen können bei einem Kinde, welches droht, zu materiell zu werden, indem wir ein solches Kind mehr hinweisen auf die Beschäftigung mit geographischen Dingen. Aber auf der anderen Seite wieder können wir auch, indem wir in der Geographie zum Beispiel darauf Wert legen, daß das Kind Niveauunterschiede erfaßt, oder indem wir überhaupt in die Geographie etwas hineinmischen, wozu ein mehr geometrisches Denken gehört, dann können wir, wenn das Kind droht, durch den Geographieunterricht schwärmerisch zu werden, auch wieder das Ich in der entsprechenden Weise hineinbringen.

Das sind Dinge, deren ganzen Wert man erst ermessen kann, wenn man auf diesen Wunderbau des menschlichen Organismus und sein Zusammenstimmen mit dem ganzen Weltall eingehen kann. Denken

Sie nur, nach dem, was wir betrachtet haben, ist die Entwickelung des Kindes von der Geburt bis zur Geschlechtsreife ein Ineinanderspielen der kosmisch-plastischen Kraft mit der kosmisch-musikalischen Kraft. Dieses Ineinanderspielen geschieht natürlich in den allermannigfaltigsten Variationen. Und wenn Sie die menschliche Konstitution betrachten – ich glaube, ich habe auf diese wichtige Sache schon in anderem Zusammenhang hingedeutet, möchte sie aber hier erwähnen, weil sie sehr nützlich sein kann –, so finden Sie auf der einen Seite den physischen Leib und den Ätherleib; beide trennen sich nicht voneinander in der Zeit zwischen Geburt und Tod, sie gehören in einer gewissen Beziehung zwischen Geburt und Tod fortwährend zusammen. Dagegen trennen sich der physische Leib und der Ätherleib von dem astralischen Leib – also zunächst der Ätherleib vom astralischen Leib – beim Einschlafen, und beim Aufwachen gehen sie wieder zusammen. Es sind also Ätherleib und astralischer Leib weniger eng aneinandergebunden als zum Beispiel physischer Leib und Ätherleib; ebenso wieder sind eng verbunden Ich und astralischer Leib, denn diese trennen sich nicht, während der Mensch schläft. Ja, was ist nun der Mensch durch seinen physischen Leib auf der Erde? Er ist ein Wesen, das in inniger Wechselwirkung lebt mit der umgebenden Luft. Ein gewissen Quantum Luft ist in bezug auf unseren physischen Leib bald drinnen, bald draußen; wir atmen ein, wir atmen aus. Dieses Aus- und Einatmen weist ja einen feinen Unterschied auf zwischen dem wachenden Zustande und dem schlafenden Zustande des Menschen. Es gibt da einen feinen Unterschied, und für die großen Ereignisse sind die feinen Unterschiede oft bedeutsamer als die anderen. Was sich nun im wachenden Zustande abspielt in dieser Beziehung durch Wechselwirkung zwischen dem astralischen Leib und dem Ätherleib, das spielt sich auch beim schlafenden Menschen ab. Was da zusammenspielt zwischen dem musikalischen Element und dem plastischen Element in der menschlichen Entwickelungszeit, das ist zugleich ein fortwährendes Ineinandervibrieren des astralischen Leibes, indem das Ich mitvibriert, und des Ätherleibes, indem der physische Leib mitvibriert. Der Mensch atmet ja im Grunde genommen auch sein Ich und seinen astralischen Leib des Morgens ein, und er atmet sie abends beim Einschlafen wieder aus. Dies ist eine Art großer Atmungsprozeß, den wir dem kleinen Atmungsprozeß gegenüberstellen können. Wir gehen also eigentlich mit jedem Einschlafen aus unserem physischen Leib und ätherischen Leib heraus und treten dann in innigere Beziehung zur umgebenden Luft, weil wir dann unmittelbar mit unserem Ich und astralischen Leib drinnen sind in der Luft. Wir dirigieren wachend das Atmen von innen und wir dirigieren schlafend das Atmen von außen, von der Seele aus. Sie sehen einerseits aus dem Umstande, daß die Luft oder ein gewisses Quantum davon bald draußen und bald drinnen ist im menschlichen Organismus, und daß auf der anderen Seite die ganze menschliche Konstitution vom physischen Leibe bis zum Ich am Atmungsprozeß beteiligt ist, daraus sehen Sie, daß für das Wesen des Menschen scharf ins Auge gefaßt werden muß, was da eigentlich vorliegt an Wechselbeziehung zwischen der menschlichen Konstitution und der Luft.

Nun, Sie haben ja alle etwas Physik gelernt und werden sich erinnern, welche große Mühe sich die Lehrer gewöhnlich geben, wenn sie irgendwie gewissenhaft sind, den Kindern oder den jungen Leuten klarzumachen, daß die Luft, die aus Sauerstoff und Stickstoff besteht, nicht eine eigentliche chemische Verbindung ist, sondern eine Art Mischung. Wenn wir also die Luft betrachten, so sind in ihr Sauerstoff und Stickstoff in einem solchen Zusammensein, das es nicht zu einer chemischen Verbindung bringt, sondern in einem loseren Zusammensein als einer chemischen Verbindung. Wie hängt das mit dem Menschen zusammen? Es hängt mit dem Menschen dadurch zusammen, daß es das kosmische Abbild dafür ist, daß der astralische Leib und der Ätherleib im Menschen in einer loseren Verbindung sind. Wären Sauerstoff und Stickstoff in der Luft in einer chemischen Verbindung, hielten sie chemisch aneinander, dann wären auch der Ätherleib und astralische Leib so scharf verbunden, daß sie sich nicht lösen könnten, so daß wir niemals einschlafen könnten. Es spiegelt sich das, was wir innerlich als Beziehung zwischen astralischem Leib und Ätherleib haben, in der äußeren Konstitution der Luft; und umgekehrt, die äußere Konstitution der Luft in der Mischung von Sauerstoff und Stickstoff spiegelt sich innerlich in der Beziehung zwischen dem Ätherleib und dem astralischen Leib in der menschlichen Organisation. So ist der Mensch auf den Kosmos hin organisiert. So ist er innerlich ein Mikrokosmos, nur daß gewisse Dinge, die draußen mehr nach der physischen Seite hin geordnet sind, bei ihm mehr nach der seelischen Seite geordnet sind: Außen haben wir es mit einer physischen Gesetzmäßigkeit zwischen Sauerstoff und Stickstoff zu tun, innen mit einer seelischen Gesetzmäßigkeit zwischen Ätherleib und astralischem Leib. Und wenn so der Mensch angeschaut wird, wie er atmet, wie darin in den wunderbaren Vibrationen, die wir als Lichtvibrationen charakterisieren – wir können es betrachten, wenn wir Geisteswissenschafter sind –, wir ein Durcheinanderschießen zwischen astralischen und ätherischen Vibrationen haben, so können wir dies auf der einen Seite so betrachten, wie es vor sich geht im menschlichen Organismus, auf der anderen Seite so, wie es um eine Stufe tiefer vor sich geht in dem physischen Aus- und Einatmungsprozeß. Da sehen wir förmlich, wenn wir so etwas betrachten, wie der Mensch sich als geistig-seelisches Wesen aus seiner physischen Umgebung fortwährend herauslöst, so etwa wie bei einer Mischung, wenn die schwereren Teile nach abwärts fallen, sich herauslösen aus der Mischung, und die leichteren Teile oben bleiben. Solche Vorgänge spielen sich noch in der mannigfaltigsten Weise im Menschen selber ab. Aber wir müssen sie haben unter dem, was wir gewissermaßen vernehmen, aufnehmen, wahrnehmen, damit wir es dann verstehen und im meditativen Erinnern in künstlerische Pädagogik eben umsetzen, wie ich es gestern charakterisiert habe.

Nun müssen wir noch etwas anderes dazu betrachten. Was trägt denn eigentlich unser Ich beim Herabstieg aus der geistigen Welt durch die Geburt in die physische Welt herein? Es ist der Kopf, der es hereinträgt. Der Kopf ist sozusagen der Wagen, auf dem das Ich hereinfährt in die physische Welt. Und wenn es hereingefahren ist, dann verwandelt es auch seinen ganzen Lebenszustand beim Übergang aus der geistigen in die physische Welt. So paradox es zunächst dem Menschen, der die Dinge äußerlich betrachtet, erscheinen mag: in der geistigen Welt, bevor wir uns anschicken, hier geboren zu werden, sind wir eigentlich in einer fortwährenden Bewegung, und Bewegung ist dort unser eigentliches Element. Würden wir diese Bewegung fortsetzen wollen, so würden wir niemals in die physische Welt hineinkommen können. Und wir werden davor behütet, sie fortzusetzen, indem sich unsere Kopforganisation anpaßt dem übrigen Organismus, so daß also gewissermaßen unsere Kopforganisation zum Wagen wird, auf dem wir hereinfahren in die physische Welt, der aber dann stille wird, wenn er hereingefahren ist, und dann bequem auf dem übrigen Organismus ruht. Und wenn der übrige Organismus auch geht, der Kopf macht dies nicht mit. So wie ein Mensch, der in einer Kutsche oder in der Eisenbahn fährt, selbst in Ruhe ist, so ist auch das Ich, das vorgeburtlich in Bewegung ist, zur Ruhe gekommen, wenn es in die physische Welt heruntergestiegen ist, und macht dann nicht mehr die Bewegungen, die es früher gemacht hat. Das deutet auf außerordentlich Wichtiges.

Wenn der heutige Embryologe das Werden des Menschenkeimes im Mutterleibe studiert, so bemerkt er, wie der Kopf im Verhältnis zu den übrigen Gliedern zuerst groß und konfiguriert ist, gegenüber den übrigen ungelenken und unkonfigurierten Gliedern, die sich erst später richtig herausbilden. Aber er betrachtet es so, als ob alles gleichwertig wäre. Die ganze embryologische Betrachtung ist eigentlich ziemlich unsinnig, so unsinnig, daß man sich eigentlich schwer mit einem heutigen Physiologen verständigen kann, denn er denkt auf einem ganz anderen Felde. Worauf es ankommt, das ist, daß durch die Befruchtung überhaupt nur auf die Gliedmaßennatur im wesentlichen, auf das «Außerkopfliche» beim Menschen eine Wirkung ausgeübt wird; denn der Kopf des Menschen wird im wesentlichen nicht vom Manne aus, sondern vom ganzen Kosmos aus konfiguriert. Der Kopf des Menschen wird eigentlich nicht vom Manne empfangen, sondern wird vom Kosmos empfangen. Die Anlage zum menschlichen Kopf ist auch schon im unbefruchteten Menschenkeim; und die Wirkung auf den Kopf, die eigentlich in dem unbefruchteten Menschenkeim noch eine kosmische ist, kommt dadurch zustande, daß die Befruchtung zunächst auf den übrigen Organismus wirkt, und erst, indem sich der Organismus entwickelt, wirken in der embryonalen Entwickelung die Wirkungen des übrigen Organismus auf den Kopf zurück. So daß – auch wenn wir ganz äußerlich embryologisch die Entwickelung des menschlichen Embryos studieren – wir darauf kommen können, wenn wir die Dinge nur richtig studieren, wie der Kopf sich aus dem Leibe der Mutter heraus bereitet, noch nicht unter der Einwirkung der Befruchtungskräfte, sondern indirekt; es ist gerade so, wie wenn in einer Werkstatt eine Kutsche bereitet wird, die einen Menschen aufnehmen soll: sie kommen einander entgegen – so wird der Kopf bereitet, damit er den heruntersteigenden Menschen seinem Ich nach in sich aufnimmt. Und noch lange nach der Geburt, ja, im Grunde genommen während der ganzen Entwickelungszeit, trägt der Mensch die Spur dieses Zusammenschießens der menschlichen Organisation und der kosmischen Organisation an sich.

Wenn einmal der Geist einer solchen Pädagogik, wie wir ihn hier eigentlich pflegen, so recht, ich möchte sagen, in die Seelengewohnheiten der Erzieher hineingegangen sein wird, dann wird eines auftreten: Diejenigen, die vor einer Klasse stehen, sie werden ungeheuer gefesselt sein von dem, was mit den einzelnen Kindern dadurch geschieht, daß auch noch vom 7. bis zum 14. Jahre streng auseinanderzuhalten sind – allerdings nur für eine intime Beobachtung – etwas von dem Zurückgehen am Kopfe, etwas von dem Abfluten einer übermenschlichen Organisation, und etwas von dem Durchflutetwerden des Kopfes mit dem, was aus dem übrigen Organismus heraufströmt, herauf sich ergießt. Sie müssen das mit dem, was in der ersten und zweiten Stunde gesagt worden ist, wieder in einer gewissen Weise zusammendenken, weil das eine mit dem anderen wieder in einer gewissen Beziehung ausbalanciert werden muß. Aber interessant muß es immer sein, den Unterschied in der Kopfplastik im Kinde zu beobachten von der Gestaltung des übrigen Organismus. Nur muß man die beiden verschieden anschauen. Wenn man die Veränderungen betrachten will, die beim Kopfe vorgehen, so muß man sich als Plastiker fühlen; wenn man dagegen jene Veränderungen betrachten will, die mit dem übrigen Organismus vorgehen, dann muß man sich als eurythmischer Musiker fühlen. Denn in bezug auf den übrigen Organismus hat es keinen Wert, zu beobachten, wie etwa die Finger wachsen und so weiter, sondern darauf zu achten, wie die Art der Bewegungen, die das Kind ausführt, sich ändert. Das wirkt allerdings auf die Gestaltung des Organismus zurück, allerdings wieder nicht durch die Formgebilde, sondern durch das Dynamische. Wenn einer riesig lange Beine oder Arme hat, so sind die schwerer als bei normalen Verhältnissen. Nicht die Form wirkt direkt, sondern das Gewicht, mit dem sie wirken, und das Gewicht mischt sich dann in die musikalische Bewegungsgestaltung hinein. Und wenn man einen solchen Menschen, bei dem die Arme und Beine zu lang gewachsen sind, so daß er nichts Rechtes mit ihnen anzufangen weiß, in der richtigen Weise beurteilen will, so muß man mit einer lebensmusikalischen Beurteilung herangehen und muß empfinden: wie dem Kinde die Beine, da sie zu lang geworden sind, immer übereinanderschlagen, wie die Bewegung eine abnorme wird, oder wie die Arme fortwährend nicht wissen, was sie eigentlich machen sollen, weil die Schwere darin zu stark wirkt. Denken Sie nur, wie intim man da, wenn man solche Dinge anwendet, aus der Geisteswissenschaft heraus den Menschen kennenlernt! Man wird dann manches nicht mehr unter dem Gesichtspunkt des Emotionellen betrachten, was man vorher vielleicht so angesehen hat. Man wird sich sagen, wenn einer kleine Hände und kleine Arme hat: Da ist weitaus weniger ein innerlicher Drang vorhanden, gleich dem anderen eine herunterzuhauen. Aber dagegen, wo einer zu lange Arme und Hände hat, die zu schwer sind, da muß man eben den inneren Drang, dem anderen gleich eine herunterzuhauen, auf das karmische Konto zurechnen, und es nicht betrachten vom äußeren emotionellen Gesichtspunkte aus.

Das ist etwas, was uns den Menschen, namentlich den werdenden Menschen, viel näher bringt, wenn wir so etwas ins Auge fassen. Denn da gibt es ein Geheimnis, das sehr merkwürdig ist. Sie können, wenn Sie die menschliche Gestalt so betrachten, sich sagen: Ich enträtsele mir das Werden eines Menschen, den ganzen Aufbau des Seelischen aus dieser körperlichen Organisation heraus; ich enträtsele mir die Bedeutung einer gewissen Kopfform, einer gewissen Schwere der Arme und der Beine und so weiter, eine gewisse Art des Auftretens, ob der Betreffende mehr geneigt ist, mit den Zehen aufzutreten, oder mehr – wie es bei *Fichte* der Fall war, dessen ganze Figur ein Abdruck davon ist – mit den Fersen aufzutreten. Das alles verrät uns ungeheuer viel, was uns das Gefühl geben kann: Du lernst da den Menschen besser kennen. Natürlich handelt es sich da nicht um besondere Intimitäten, sondern um etwas, was wir uns entgegenbringen im menschlich-sozialen

Verkehr, der nur intimer ist beim Unterricht im Verkehr zwischen dem Erzieher und dem Kinde. Wir bekommen dann, wenn wir einem Menschen gegenüberstehen, so recht das Gefühl: Das eine lernst du an ihm kennen, wenn du dir diesen Menschen von vorne ansiehst, da prägt sich musikalisch das aus, was man sehen kann; ein anderes lernst du kennen, wenn du ihn richtig von hinten ansehen kannst. Man sollte aus dem Wesen des Lebens heraus auch sich seine Lebensmaximen prägen. Würde zum Beispiel ein Student mit richtigen Lebensmaximen bei Fichte im Vortrag gesessen haben, er würde Fichte von vorne angehört haben, um das aufzunehmen, was er sagt. Um aber Fichtes Charakter kennenzulernen, würde er ihn von hinten angeschaut haben, um die ganze Art des Auftretens kennenzulernen. Die hintere Bildung des Kopfes, die Struktur des Rückens, des Buckels, die Art und Weise die Hände zu bewegen, die ganze Art der Kopfhaltung war bei Fichte dasjenige, was bei ihm unbedingt dazu aufforderte, in diesem Menschen dasjenige zu sehen, als was er sich eigentlich in die Welt hineingestellt hat, wenn man auf das Persönliche bei ihm ging.

Das kann uns Merkwürdiges verraten, wenn man auf diese Weise Kinder kennenlernt; wenn der Lehrer ein Mensch ist, der in dieser Art dazu neigt, mehr nach dem karmischen Verstehen hinzutendieren und weniger nach der Richtung desjenigen Lehrers, der so unterrichtet hat, daß er sich über ein emotionelles Kind furchtbar geärgert hat, es immer wieder ermahnt hat, ruhig zu bleiben, gelassen zu bleiben, ihm immer wieder vorgehalten hat Ruhe, Ruhe, Ruhe, endlich aber, weil es ihn zu sehr ärgerte, nach dem Titenfaß gegriffen hat, es dem Kinde an den Kopf geworfen und gesagt hat: Ich will dir zeigen, wie man gelassen wird! – Ich charakterisiere das etwas radikal; aber auch etwas weniger radikal ist es schon etwas, was wir als Lehrer und Erzieher als unrichtig überschauen müssen.

Wenn wir von diesem loskommen und unsere anthroposophische Menschenkunde mehr auf das richten, was ich charakterisiert habe, auf die Bildung des Kindes, so daß uns der Organismus etwas von seiner Seelenverfassung verrät, so beschäftigen wir uns mit dem Kinde in einer anderen Weise als sonst. Und kurioserweise ist es so, daß wir durch diese Art, uns zum Kinde zu stellen, in uns die Liebe zum Kinde entwickeln, daß wir es dahin bringen, es mit immer größerer Liebe zu erfassen. Und wir erwerben uns gerade dadurch eine mächtige Hilfskraft, das Kind liebend zu unterrichten und zu erziehen. Das sind die Wege, durch die wir uns besonders die richtigen Gefühle und Empfindungen als Erzieher und Unterrichter aneignen, wie ich es jetzt zu schildern versuchte. Denn es wäre eine ganz falsche Methode, wenn zum Beispiel jemand, der Komponist werden wollte, ein theoretisches Lehrbuch über das Musikalische in die Hand nehmen und glauben würde, er könnte dadurch komponieren lernen oder, wenn jemand irgendein Ästhetikbuch in die Hand nähme, sich das aneignete, was darin über Malerei und so weiter gesagt ist und glauben würde, er könnte dadurch Maler werden. Er wird dadurch kein Maler, sondern er wird Maler, wenn er lernt, die Farben zu behandeln, wenn er die Handgriffe bei der Behandlung der Farben lernt und so weiter. Und es wird einer ein Plastiker dadurch, daß er lernt, den Organismus in seinen Formen zu erfassen. Es ist ja ungeheuer interessant, den Organismus in seinen Formen zu erfassen, auch zum Beispiel bei der plastischen Kunst. Es ist ein ganz anderes Gefühl, das Sie haben, wenn Sie als Plastiker einen Kopf gestalten, oder wenn Sie den übrigen Organismus gestalten. Beim Kopf haben Sie fortwährend das Gefühl: der Kopf wirkt von innen heraus auf Sie, Sie müßten zurückweichen vor der Kopfbildung; es drückt Sie etwas von ihm heraus. Wenn Sie dagegen den übrigen Organismus formen in der Plastik, so haben Sie das Gefühl: Sie drücken hinein, indem sich vor Ihnen dieser übrige Organismus zurückzieht. Genau das entgegengesetzte Gefühl also hat man beim plastischen Formen in bezug auf den Kopf und dem übrigen Organismus. Das zeigt uns, wie man überall die Behandlungsweise kennenlernen muß. – So ist es aber auch beim Erziehen. Wenn Sie sich durch ein Handbuch der Pädagogik unterrichten wollten über das, was Sie in der Schule tun wollen, so wäre das ebenso, wie wenn Sie sich durch ein Handbuch der Ästhetik zum Maler machen wollten. Es kommt nichts dabei heraus. Wenn Sie aber anthroposophische Menschenkunde treiben, wie die Leitlinien dazu geliefert werden, wie wir es jetzt hier zu betrachten pflegen, dann fährt in Sie selbst das pädagogische Talent; denn dazu haben viel mehr Menschen Anlage, als Sie denken. Und dann eignen Sie sich auch gewisse Dinge an, die gerade dem Lehrer eigen sein müssen, wenn er ein richtiger Lehrer sein will.

Auf keinem Gebiete wird heute mehr wesenloses Zeug geredet, trotzdem sich so viele Menschen außerordentlich dafür interessieren, als auf dem Gebiete der Pädagogik. Wenn heute über pädagogische Dinge gesprochen wird, empfindet man es deshalb als so schlimm, weil diese Dinge auf die nächste Generation gehen. Aber wie auf so vielen Gebieten, ist es hier ganz besonders der Fall, daß man über die Tiraden, die laienhaft gesprochen werden, hinwegkommt durch ein tieferes Erfassen der Menschenwesenheit. Sogar Lehrer haben die Tirade angenommen: der Unterricht müsse für die Kinder zur Freude werden. Wir nehmen es nicht übel, wenn dieses von Laien gesagt wird; es ist gut gemeint. Aber es ist streng zu verpönen, wenn von den fachlichen Unterrichtern und Erziehern diese Tirade tradiert wird! Denn, besinnen Sie sich einmal auf die Praxis und fragen Sie sich, wie Sie es in bezug auf gewisse Dinge, die schwer zu überwinden sind, machen sollen als Lehrer, damit es die reine, helle Freude für die Kinder ist? Oder bedenken Sie manche kindliche Anlage und fragen Sie sich, wie Sie es machen sollen, daß das Kind, wenn man es vom Morgen bis zum Abend in der Schule hat, sich immer nur freuen, immer nur freuen soll? Es ist eben nicht durchzuführen. Es ist eine von den Redensarten, die Menschen machen, die außerhalb der Wirklichkeit stehen; wie es auch auf anderen Gebieten heute überall Redensarten gibt, die von Menschen stammen, die selbst außerhalb der Wirklichkeit stehen. Die Tatsache ist einfach diese, daß gewisse Dinge eben den Kindern keine Freude machen, daß diese Dinge aber trotzdem gemacht werden müssen. Würde der Unterrichter den Kindern lauter Freude machen wollen, so könnte sich zum Beispiel beim Kind das Pflichtgefühl nicht entwickeln, das nur durch Überwinden entwickelt werden kann. Das wäre kein Vorteil. Also um lauter Freude kann es sich nicht handeln, sondern um etwas ganz anderes handelt es sich: daß wir uns wirklich durch unsere pädagogische Kunst die Liebe der Kinder erwerben, so daß sie unter unserer Leitung sogar auch das machen, was ihnen nicht Freude bereitet, sondern was ihnen sogar Unlust und einen leichten Schmerz macht. Daher müssen Sie sich sagen: Wird die rechte Liebe hineingetragen, bringen wir es fertig, dem Kinde die richtige Liebe beizubringen, dann entwickelt sich in dem Kinde etwas anderes als Freude, dann entwickelt sich die Anhänglichkeit an den Lehrer, dann hat das Kind ein anderes Empfinden. Dann hat das Kind die Empfindung: Manches ist schwer, aber bei *dem* Lehrer oder bei *der* Lehrerin da mache ich auch das, was schwer ist.

Das sind Dinge, die uns zeigen können, wie wir auch manches Schwere im Unterricht dadurch überwinden können, daß wir verstehen, das richtige Verhältnis zwischen Lehrer und Schüler herzustellen. Es ist eben eine andere Art, die Dinge zu betrachten, als was gewöhnlich vom Laienstandpunkt aus über Unterricht und Erziehung gesagt wird.

Meine lieben Freunde, diesmal wird es nicht mehr dazu kommen, daß wir zu einer Betrachtung zusammenkommen. Unendliche Sitzungen stehen uns bevor. Wir werden uns nur noch zusammenfinden zu einer Lehrerkonferenz.

Erziehungsfragen im Reifealter

Zur künstlerischen Gestaltung des Unterrichts

ERSTER VORTRAG

Stuttgart, 21. Juni 1922

Meine lieben Freunde, im vorigen Jahre, gelegentlich der Eröffnung des Schuljahres, habe ich zu Ihnen gesprochen über jenen wichtigen Übergang, der besteht zwischen der Entwickelung des werdenden Menschen bis zur Geschlechtsreife und von der Geschlechtsreife angefangen. Es war das ja dazumal notwendig gewesen aus dem Grunde, weil wir gerade durch die Errichtung der 10. Klasse in die Lage gekommen waren, innerhalb unserer Waldorfschule zum erstenmal Schüler und Schülerinnen zu unterrichten, die bei diesem wichtigen Menschheitsübergang angelangt waren. Vielleicht ist es nun gerade notwendig dieses Jahr mit Rücksicht darauf, was wir gestern in der Konferenz berührt haben, manches noch zu ergänzen, und dazu möchte ich die heutige einleitende Stunde benützen, werde mir dann einiges, was im allgemeinen noch an Ergänzendem zur Pädagogik beizubringen ist, für morgen aufsparen.

Es ist notwendig, daß bei diesem Übergang, den wir natürlich jetzt viel gründlicher werden ins Auge fassen müssen, als das im vorigen Jahre geschehen ist, es wirklich ganz ernst genommen wird, daß von einer bestimmten Seelenorientierung zu einer anderen Seelenorientierung beim Menschen der Übergang gefunden werden muß. Bis zu der Geschlechtsreife ist der Mensch durchaus so orientiert in seiner Seele, daß er vor allen Dingen die größte Wohltat empfängt, wenn man beim Erziehen und Unterrichten möglichst viel auf das Bild sieht; wenn man versucht, alles dasjenige, was man heranbringt an den jungen Menschen, ins Bild zu bringen. Das bezieht sich auf jeden einzelnen Unterrichts- und Erziehungszweig. Es kann zum Beispiel durchaus dasjenige, was man, sagen wir, aus der Geschichte gibt, ins Bild gebracht werden, wenn man vor allen Dingen die Geschichte mit der Absicht in der Schule vorbringt, daß die Kinder deutliche Vorstellungen haben von demjenigen, was geschehen ist, was einzelne Menschen getan haben, wie sich, sagen wir, gewisse Erfindungen oder Entdeckungen in den Entwickelungsgang der Menschheit hineingestellt haben. Je mehr es einem gelingt, das plastische oder musikalische Bild herauszuarbeiten, desto mehr kommt man dem entgegen, was das kindliche Gemüt in diesem Lebensalter braucht. Es gibt keinen Unterrichtszweig, der nicht auf dieses Rücksicht nehmen könnte. Es handelt sich überall nur darum, wie man dies macht. Dann aber ist zu berücksichtigen, daß nun der Übergang, den ich etwa kurz damit kennzeichnen möchte, daß ich sage, das Kind findet den Übergang von der Kenntnis zur Erkenntnis – es ist charakteristisch, daß dieser Übergang von der Kenntnis zur Erkenntnis eigentlich mit einer großen Schroffheit geschieht –, daß man daher durchaus, gerade wenn man von der einen Unterrichtsstufe, die bei uns in der 9. Klasse liegt, zur Unterrichtsstufe, die bei uns in der 10. Klasse liegt, heraufrückt, dann berücksichtigen muß, daß weitaus die meisten Kinder, sich selber unbewußt, diesen Übergang von der Kenntnis zur Erkenntnis durchaus durchmachen. Es beginnt dann nämlich der Drang der Menschenseele, dasjenige, was an sie herankommt, in der Urteilsform zu verarbeiten.

Nehmen wir an, um uns das zu veranschaulichen, wir reden meinetwillen mit den Kindern über Julius Cäsar. Vorher werden wir uns bemühen, ihnen ein Bild von Julius Cäsar zu entwerfen, werden uns bemühen die Taten zu schildern, vielleicht auch die Völker zu schildern, durch die er hindurchgezogen ist, werden uns bemühen zu schildern, wie er selbst geschrieben hat, wie lebendig und wie mit sonstigen Eigentümlichkeiten er geschrieben hat und so weiter. Wir werden, wenn wir nach der Errichtung der 10. Klasse zu reden haben über Julius Cäsar, dieses so machen, daß wir bei den einzelnen Taten von den Absichten sprechen werden, daß wir davon sprechen werden, wie das eine oder das andere, das Julius Cäsar ausgeführt hat, anders hätte werden können, als es geworden ist, und wodurch es gerade so sich zugetragen hat. Wir werden versuchen, wenn wir sonst etwas schildern, Rücksicht zu nehmen auf die günstigen und ungünstigen Umstände. Wir werden versuchen, sagen wir, wenn wir über Goethe sprechen, während wir vorher im wesentlichen Bilder seines Lebens und Schaffens zusammenstellten, uns zu bemühen, von diesem Lebensalter an so über Goethe zu sprechen, daß wir zum Beispiel schon darauf Rücksicht nehmen, wie sein Schaffen nach dem Jahre 1790 einen anderen Charakter annimmt als vorher. Wir werden uns bemühen, den Kindern zu sagen, wie seine Sehnsucht nach Italien beschaffen war, während wir vorher einfach dasjenige, was er in seiner Jugend erlebt hat, bildhaft schildern werden und dasjenige, was er nachher erlebt hat, ebenso. Kurz, wir werden versuchen, auf kausale und ähnliche Zusammenhänge immer mehr und mehr herüberzukommen. Leise durchblicken läßt man ja solche Kausalzusammenhänge schon vom 12. Lebensjahre an, wie wir in früheren pädagogischen Kursen erwähnt haben; aber daß man vor allen Dingen darauf sieht, daß nun das Kausalbedürfnis der Kinder selbst befriedigt wird, das muß von diesem Lebensalter an geschehen. Wenn man darauf keine Rücksicht nimmt, können die verschiedensten Unzukömmlichkeiten bei den Kindern herauskommen. Man muß sich nur wirklich klar sein darüber, daß die menschliche Seele in jedem Lebensalter eben etwas Bestimmtes verlangt, und gibt man ihr etwas anderes, dann reagiert sie in einer ihr ungünstigen Weise. Namentlich reagiert sie in einer ihr ungünstigen Weise, wenn man keinen Unterschied walten läßt zwischen dem Vorher und Nachher. Wenn man eben einfach den Unterricht von der 9. in die 10. Klasse so fortsetzt, daß er denselben Charakter in der 10. wie in der 9. Klasse hat, dann reagiert die kindliche Seele in einer ungünstigen Weise. Wenn man genötigt ist, durch Stundenplanrücksichten in gewisser Beziehung den Lehrplan zu durchkreuzen, dann muß natürlich bei denjenigen Lehrgegenständen, bei denen eine solche Durchkreuzung nicht stattfindet, um so mehr auf solche Dinge gründlich Rücksicht genommen werden.

Sehen Sie, es ist ja notwendig, daß in dieser Beziehung außerordentlich klare pädagogische Begriffe wiederum zur Herrschaft kommen. Die herrschen ja heute gar nicht. Heute redet man eigentlich – gerade wenn man dieses Lebensalter ins Auge faßt, sieht man das ganz besonders – durchaus von sekundären Dingen. Und es ist ja schon sogar dazu gekommen, daß gewisse instinktartige Seelenregungen, die bei den Kindern mit der Geschlechtsreife heraufkommen, mit einer durchaus falschen Seelenanalyse in die Betrachtung, auch in die pädagogische Betrachtung hineingestellt werden. Im ganzen gilt das Folgende: Es ist notwendig, wenn das Kind in das geschlechtsreife Lebensalter kommt, daß in ihm erweckt wird ein bis zu einem gewissen Grade außerordentlich großes Interesse für die Außenwelt. Es muß durch die Art des Unterrichtes und der Erziehung die Außenwelt mit ihrer Gesetzmäßigkeit sehen, mit ihrem Verlaufe, mit ihren Ursachen und Wirkungen, mit ihren Absichten und Zielen. Das gilt natürlich nicht nur für die Menschen, sondern ganz allgemein, auch für Musikstücke und so weiter. Es muß das alles so an die Jugend herangebracht werden, daß es in der jugendlichen Seele fortwährend noch nachklingt, daß in der jugendlichen Seele Rätsel entstehen über die Natur, über Kosmos und Welt, über die menschliche Natur im allgemeinen, über geschichtliche Fragen und so weiter. Rätsel müssen über die Welt und ihre Erscheinungen in der jugendlichen Seele entstehen. Denn wenn diese Rätsel über die Welt und ihre Erscheinungen nicht in der jugendlichen Seele entstehen, dann wandeln sich, weil die Kräfte dazu da sind, diese Kräfte; sie werden ja frei in der Seele mit dem Freiwerden des Astralleibes für dieses Auffassen von Rätseln. Wenn diese Kräfte frei werden, und es gelingt nicht, das intensivste Interesse zu erwecken für die Rätsel der Welt, dann verwandeln sich diese Kräfte in dasjenige, in das sie sich bei der heutigen Jugend meist verwandeln; sie verwandeln sich nach zwei Richtungen hin in Instinktartiges: erstens in Machtkitzel und zweitens in Erotik. Und dasjenige, was leider in die Pädagiogk auch eingezogen ist, das ist, daß man diesen Machtkitzel und diese Erotik der Jugend nicht als sekundäre Umwandlungsprodukte auffaßt von Dingen, die auf ganz anderes gehen sollten bis zum 20., 21. Lebensjahre, sondern daß man sie als Naturelement im menschlichen Organismus von der Geschlechtsreife an auffaßt. Es ist durchaus so im Grunde genommen, wenn in der richtigen Weise erzogen wird, daß über Machtkitzel und Erotik zu den jugendlichen Leuten zwischen dem 14., 15. und 20. Jahre überhaupt nicht gesprochen zu werden braucht. Es ist etwas, was durchaus unter den Linien des Lebens vor sich geht. Wenn davon gesprochen werden muß in diesen Jahren, so ist es an sich schon etwas Krankhaftes. Unsere ganze pädagogische Wissenschaft und Kunst krankt daran, daß man immer wieder und wiederum auf diese Frage den höchsten Wert legt. Man legt den höchsten Wert auf diese Frage aus keinem anderen Grunde als diesem, weil man ohnmächtig ist heute – immer mehr und mehr ohnmächtig geworden ist im Zeitalter der materialistischen Weltanschauung im weitesten Umfange –, wirkliches Interesse zu erregen für die Welt, für die Welt im weitesten Sinne. Unsere Wissenschaften, durch die natürlich auch die Lehrer heute erzogen werden, enthalten ja im Grunde genommen gar nichts über die Welt. Sie enthalten physikalische Gesetze, mathematische Zusammenhänge, Beschreibungen der Vorgänge in der Zelle, allerlei Strittigkeiten über den Geschichtsverlauf, und wenn man alles das zusammennimmt, so ist es eben durchaus nicht so, daß es den Menschen gerade zwischen dem 15. und 20. Jahre interessieren kann. Wer eben unbefangen genug dazu ist, auf diesem Gebiete ordentliche Beobachtungen anzustellen, der muß sich klar darüber sein, daß es die tiefsten Interessen des Menschen in diesem Lebensalter eben einfach nicht befriedigen kann. Dadurch aber, daß der Mensch nicht genügend Interesse für die Welt draußen hat, wird er auf sich selbst gelenkt; dadurch beginnt er, in sich selbst allerlei auszubrüten. Und im großen und ganzen muß man ja sagen: Wenn man die Hauptschäden der heutigen Zivilisation ins Auge fassen will, so bestehen sie im wesentlichen eigentlich durchaus darinnen, daß die Menschen viel zu viel mit sich selbst beschäftigt sind, daß sie im Grunde genommen einen großen Teil ihrer freien Zeit nicht damit zubringen, sich mit der Welt zu beschäftigen, sondern sich damit zu beschäftigen, wie es ihnen selbst geht, was ihnen selber weh tut. Selbstverständlich kann man ja, wenn die Notwendigkeit dazu da ist, sich mit solchen Dingen beschäftigen; man muß sich sogar, wenn man krank ist, damit beschäftigen. Aber die Menschen beschäftigen sich nicht etwa bloß im kranken Zustand, sondern auch im halbwegs gesunden Zustand durchaus mit sich selber. Und das ungünstigste Lebensalter für die Beschäftigung mit sich selber ist das Lebensalter zwischen dem 14., 15. und dem 21. Jahre. In diesem Lebensalter muß die Urteilsfähigkeit, die in diesem Lebensalter erblüht, hingelenkt werden auf die Weltzusammenhänge auf allen Gebieten. Es muß die Welt immer mehr und mehr dem jungen Menschen so interessant werden, daß er gar nicht darauf kommt, die Aufmerksamkeit von der Welt so stark abzulenken, daß er fortwährend mit sich selbst beschäftigt ist. Denn, wie jedermann weiß, wird in bezug auf die subjektive Empfindung ein Schmerz größer, wenn man fortwährend an ihn denkt – nicht objektiv die Schädigung, aber der Schmerz wird größer, wenn man immerwährend an ihn denkt. Es ist sogar in gewisser Beziehung das allerbeste Heilmittel für die Überwindung des Schmerzes, wenn man es dazu bringen kann, nicht an ihn zu denken. Nun ist dasjenige, was sich gerade in dem Lebensalter zwischen dem 15., 16. und 20., 21. Jahre im jungen Menschen entwickelt, nicht ganz unähnlich dem Schmerz. Dieses Sich-Hineinarbeiten in die Wirksamkeit des freiwerdenden astralischen Leibes im physischen Leib, ist eigentlich ein fortwährendes Durchmachen von leisen Schmerzen. Das, was man da spürt, das regt einen sofort an, sich mit sich selbst zu beschäftigen, wenn man nicht genügend nach der Außenwelt abgelenkt ist.

Nun ist es ja eigentlich im Grunde genommen nicht allzu schwierig bei gehöriger Aufmerksamkeit für den Pädagogen, diese Umorientierung in seinen pädagogischen Prinzipien eintreten zu lassen, wenn dieses Lebensalter beginnt. Denn es handelt sich ja vorzugsweise darum, daß man in diesem Lebensalter dazu übergeht, sich zu sagen: Jetzt fangen die Knaben und Mädchen an, das Warum eigentlich erst ernsthaftig zu verstehen. Vorher wollten sie Bilder bewundern, oder vielleicht auch verstehen, oder in einem Mittelzustand dazwischen leben, jetzt aber muß man eingehen auf die Warums, und man wird überall die Freude sehen der Kinder in diesem Lebensalter, wenn man sie auf besondere Warums aufmerksam macht, namentlich aber die Freude sehen, wenn man ihren Gesichtskreis nach der einen oder anderen Seite erweitert, wenn man Zusammenhänge sucht, wenn man zum Beispiel irgendwo vom Kleinsten auszugehen versucht und ins Größte zu kommen versucht; wenn man vom Größten auszugehen versucht und ins Kleinste zu kommen versucht. Es ist so, daß es ja für den pedantischen Professor natürlich eine Selbstverständlichkeit ist, daß er mikroskopierend die Lehre von den Zellen vorbringt. Es wird an den Hochschulen gemacht, und an den unteren Schulen macht man es nach. Man tut damit etwas furchtbar Unrichtiges. Man sollte niemals für den Schüler des Lebensalters, von dem wir jetzt sprechen, die Zellenlehre vorbringen, ohne sie an die Kosmologie anzureihen, wirklich auch dasjenige, was in der Zelle vorgeht, als eine Art kleinen Kosmos zu betrachten. Natürlich darf nichts anderes vorgebracht werden als dasjenige, was man sich selber als Anschauung gegenüber dem Zellkern, den verschiedenen Körperchen, die da in der Zelle sind, als Überzeugung angeeignet hat. Und so muß man nach dem 14., 15. Jahre jede Gelegenheit ergreifen, um Zusammenhänge mit dem früher mehr bildlich Vorgebrachten zu suchen. Man strebt, sagen wir zum Beispiel in der Mathematik, nach dem, was wir in der Konferenz charakterisiert haben, nach der Erkenntnis des Carnotschen Lehrsatzes. Nun ist es von außerordentlich großem Nutzen, die Gelegenheit nicht vorübergehen zu lassen, jede Beziehung, die sich ergeben kann zwischen dem Carnotschen Lehrsatz und dem gewöhnlichen Pythagoreischen Lehrsatz, mit den Kindern in allen Einzelheiten durchzugehen, so daß das Urteil geradezu angeregt wird, wie eine Metamorphose des Pythagoreischen Lehrsatzes in dem Carnotschen Lehrsatz vorliegt; also dieses Zurückgreifen zu pflegen auf dieses früher in der Anschauung Gepflegte, das man in der Mathematik ebensogut berücksichtigen kann wie im Religionsunterricht, im Grunde genommen auf allen Gebieten. Es muß einem natürlich immer zu Hilfe kommen dasjenige, was man vorher im Bildhaften gepflegt hat. Dieses Zurückgreifen, das ist dasjenige, was das Urteil anregt. Denn dadurch, daß man die Dinge mit den Kindern bespricht, fühlen sie: früher haben sie die Sachen angeschaut, haben sich Kenntnisse erworben, jetzt wollen sie sie beurteilen, wollen sich Erkenntnisse erwerben. Das sind Dinge, die, wenn man sie weiter im einzelnen durcharbeitet, eigentlich zu einem bestimmten Verhalten führen werden, und auf dieses Verhalten kommt es eigentlich an. Dieses Verhalten wird nach und nach eben dazu führen, daß das Autoritätsgefühl, das die Kinder bis zu ihrer Geschlechtsreife durchaus haben sollen, dann aber nicht mehr gut haben können, nun abgelöst wird von jenem Interesse, das sie den Anregungen des Lehrers entgegenbringen aus ihrer Urteilskraft heraus. Man merkt schon, wie die Urteilskraft sich in Rätselfragen umgießt, und man muß darauf natürlich ein sehr wachsames Augen haben. Aber es muß sich dasjenige, was durch diese allgemeinen Prinzipien gewonnen werden kann, noch ausbauen durch das besondere Verhalten des Lehrers.

Sehen Sie, wenn man so bei den zehn-, zwölfjährigen Kindern einmal einen Fehler macht, so macht das eigentlich nicht viel aus. Man schildert vielleicht einmal irgend etwas falsch, verzeihen Sie; in bezug auf das Verhältnis gerade, das ich schildern will, auf das gegenseitige Verhältnis der Schüler und Lehrer macht es nicht viel aus. Ich will damit nicht sagen, daß Sie möglichst viele Fehler machen sollen für dieses Lebensalter – es macht das nicht außerordentlich viel aus. Man schildert vielleicht etwas nicht ganz richtig, und man wird es, wenn man es bemerkt, richtigstellen können und selbst, wenn es durch irgendeinen Umstand von den Kindern bemerkt wird, so wird vielleicht das Autoritätsgefühl zunächst etwas gemindert werden können, aber die Dinge werden ziemlich rasch wieder vergessen, jedenfalls viel rascher vergessen als zum Beispiel schon bei Zehn- und Zwölfjährigen gewisse Ungerechtigkeiten vergessen werden, von denen sie glauben von seiten des Lehrers ausgesetzt zu sein. Dagegen darf man sich eigentlich, wenn man gegenübersteht den jungen Leuten zwischen dem 14., 15. und 20., 21. Jahre, durchaus keine Blöße geben; namentlich nicht dasjenige, was ich nennen möchte: latente Blößen geben. Unter einer latenten Blöße verstehe ich diese unausgesprochenen Dinge, die gerade beim Unterricht und bei der Erziehung in diesem Lebensalter ganz besonders vorkommen können. In diesem Lebensalter formen sich ja – wie ja aus dem Gesagten bereits hervorgeht – zahlreiche Fragen aus der Seele heraus. Diese Fragen formen sich zum Teile so unbewußt, daß psychologisch betrachtet sogar das Folgende vorkommen kann: Nehmen wir an, in irgendeiner Sprache nehmen wir eine Periode durch mit einer Klasse dieses Lebensalters. Dasjenige, was nun mit dem Satzbau dieser Periode von den Stilisten gemeint ist, das empfindet urteilsgemäß der junge Mensch in diesem Lebensalter außerordentlich fein. Ob man in der Lage ist, mit dem Verstande dem nachzukommen, was man da empfindet an Urteilen, darauf kommt es ja weniger an; ich meine zunächst für die persönliche Entwickelung. Für das Leben kommt es natürlich etwas darauf an, ob man das Unbewußte in Bewußtes verwandeln kann oder nicht; aber für die persönliche Entwickelung kommt zunächst nicht so ungeheuer viel darauf an. Aber wenn nun auch der Schüler selber dasjenige, was er als Frage innerlich erlebt, nicht formulieren kann – der Lehrer muß imstande sein, diese Frage zu formulieren, so daß die Formulierung zustande kommt, und er muß imstande sein, das Gefühl zu befriedigen, das beim Anlaß dieser Frage im Schüler auftaucht. Denn wenn er das nicht tut, dann geht vor allen Dingen dasjenige, was sich da abgespielt hat mit dem Menschen, mit hinein in die Schlafenswelt, in den Schlafzustand, und im Schlafzustand wird durch nicht formulierte Fragen eine ganze Menge von konträren Giftstoffen erzeugt, von solchen Giftstoffen, die nur in der Nacht entwickelt werden, wo eigentlich die Giftstoffe eher verarbeitet als neue erzeugt werden sollten. Es werden Giftstoffe im Menschen erzeugt, mit denen der junge Mensch das Gehirn beladen hat, wenn er die Klasse betritt, und das alles stopft sich nach und nach furchtbar stark an. Das muß vermieden werden und kann vermieden werden. Das kann nur vermieden werden, wenn eben nicht in den Kindern das Gefühl hervorgerufen wird: Da hat uns der Lehrer wieder nicht richtig geantwortet; das hat uns der Lehrer nicht befriedigend beantwortet; bei ihm können wir uns nicht die richtige Antwort holen. Das sind die latenten Blößen, die oftmals nur nicht ausgesprochen werden, wenn die Kinder das Gefühl haben: der Lehrer genügt nicht, um die ihnen notwendigen Antworten zu geben. Und für dieses Nichtgenügen ist nicht etwa bloß ausschlaggebend sagen wir die persönliche Fähigkeit oder Unfähigkeit des Lehrers, sondern namentlich die pädagogische Methode.

Wenn wir also zuviel Zeit dazu verwenden, den jungen Menschen in diesem Lebensalter zu übergießen mit einer Menge von Unterrichtsstoff, oder wenn wir sonst in einer Weise so unterrichten, daß er gar nicht dazu kommt, seine Zweifel und Rätsel zu beheben, dann tritt dieser Zustand ein, wo sich der Lehrer – trotzdem es mehr im Objektiven liegt – seine latenten Blößen gibt, die nicht so unmittelbar ausgesprochen werden. Es ist das etwas, was in allerallererster Linie für dieses Lebensalter berücksichtigt werden muß. Es muß einmal der junge Mensch in diesem Lebensalter das Gefühl haben, daß der Lehrer nach jeder Richtung hin fest im Sattel sitzt. Vorher ist das Autoritätsgefühl vorhanden, und, ich möchte sagen, mancher nicht ganz fähige Lehrer wird von den Schülern in den unteren Klassen durchaus als eine Autorität behandelt. Da sind noch andere Dinge dafür maßgebend. Von dem 14., 15. Lebensjahre an läßt am meisten sogar das Unbewußte der Schüler dem Lehrer nichts durchgehen, was unaufgelöst aus den Seelenfragen heraus bleibt. Und sehen Sie, da ist insbesondere zu berücksichtigen für die Art und Weise des Unterrichtens, daß wir eben durchaus versuchen, wenn wir Vorgänge schildern, sie durchsichtig zu schildern, so daß, ich möchte sagen, sich nicht eines über das andere hinüberschiebt in der Auffassung des Schülers, damit das Urteil reinlich entstehen kann.

Man wird gar nicht notwendig haben, besondere Methodiken auszuarbeiten für den einen oder anderen Gegenstand in bezug auf dieses Lebensalter. Der Lehrer, der sich einfach in das richtige Verhältnis zu setzen vermag zu den Schülern in diesem Lebensalter, wird die verschiedensten Methoden einschlagen können, wird sogar gut tun, die verschiedensten Methoden einzuschlagen. Er muß aber vor allen Dingen ein gewisses Interesse vom Anfang bis zum Ende der Stunde mit dem Interesse der Schüler und Schülerinnen teilen. Es muß ihn der Unterricht interessieren, und wenn er ihn interessiert, dann wird er eigentlich gerade für dieses Lebensalter instinktiv die Methodik finden. Daher ist von ganz besonderer Wichtigkeit auch in diesem Lebensalter – nach gewisser Richtung hin sogar mehr als früher –, Wert zu legen auf gründliche Vorbereitung. Und ich möchte sagen, man hat für irgendeine Stunde, in der man tätig zu sein hat für dieses Lebensalter, das große Los gezogen, wenn man bei der Vorbereitung selbst aus dem Inhalte des Vorzutragenden, Vorzunehmenden noch ein neues, wenn auch bloß *ein* Problem für die Behandlung der Sache gefunden hat, wenn das Interesse immer wiederum angefacht wird. Nun sollte eigentlich unter den Lehrern kein einziger Mensch sein, der sich gegenüber der Behauptung auflehnt, daß, wenn man zum Beispiel irgendein chemisches Kapitel, irgendein mathematisches Kapitel, geschichtliches Kapitel, Literaturkapitel selbst oftmals hintereinander, zum Zwecke es vorzubringen, durchnimmt, man nicht jedesmal neu, wie wenn man es erst kennenlernen würde, neu das Interesse anfachen könnte. Man kann das auch in bezug auf das Einmaleins, jedesmal wenn man es vorzubringen hat, neu das Interesse anfachen. Aber so schwer wie es beim Einmaleins ist, ist es gar nicht bei demjenigen, das man für die höheren Klassen vorzubringen hat.

Sehen Sie, diese Dinge alle, die müssen mit einer Vollbewußtheit beim Übergang von der 9. in die 10. Klasse den Lehrer durchdringen. Denn gerade das völlige Verändern des Kurses, das ist es, was in diesem Falle zur Pädagogik gehört. Wenn Sie die Kinder bekommen im 6., 7. Lebensjahre, dann ist ja der Einschnitt schon dadurch gegeben, daß die Kinder in die Schule hereinkommen, dann brauchen Sie sie nicht in eine andere Lebenslage zu versetzen. Wenn Sie aber die Kinder von der 9. in die 10. Klasse hinüberführen, dann müssen Sie sie eben in eine andere Lebenslage versetzen, dann muß das Kind merken: Donnerwetter, was ist denn mit dem Lehrer geschehen? Bisher haben wir ihn für ein außerordentliches Glanzlicht gehalten, als einen Menschen, der viel zu sagen hat, aber jetzt beginnt viel mehr als ein Mensch zu reden: die ganze Welt beginnt aus ihm zu reden. Und wenn man in sich empfindet das intensivste Interesse an den einzelnen Weltfragen und dann in die glückliche Lage versetzt ist, sie anderen jungen Menschen mitzuteilen, dann redet die Welt aus einem; dann ist es tatsächlich so, als ob Geister aus einem redeten. Und aus so etwas muß Schwung kommen. Schwung muß der Lehrer entgegenbringen den Kindern zwischen dem 14. und 15. und dem 20., 21. Jahre; Schwung, der vor allen Dingen auf die Phantasie geht; denn trotzdem die Kinder die Neigung zu urteilen aus sich heraus entwickeln, wird gerade das Urteil für uns aus der Phantasiekraft geboren. Und wenn man bloß intellektualistisch das Intellektuelle behandelt, wenn man nicht in der Lage ist, das Intellektuelle mit einer gewissen Phantasie zu behandeln, dann verspielt man dennoch bei den Kindern. Die Kinder fordern Phantasiekraft; der muß man entgegenkommen mit Schwung, und mit einem solchen Schwung, an den die Kinder glauben können. Skepsis darf man ihnen gar nicht entgegenbringen in diesem Lebensalter, namentlich nicht in der ersten Hälfte dieses Lebensalters. Das schädlichste Urteil, das man fällen kann für das Lebensalter zwischen dem 14. und 15. und etwa dem 18. Lebensjahre ist dasjenige, wo in einer erkenntnis-pessimistischen Weise auftreten Dinge wie: Das kann man nicht wissen. – Dies ist etwas, was die Seele des Kindes, des jungen Menschen gerade in diesem Lebensalter am allermeisten zermürbt. Mit dem 18. Jahre geht es dann schon eher, daß man übergeht zu demjenigen, was mehr oder weniger zweifelhaft sein kann. Aber vom 14., 15. bis zum 18. Jahre das Kind in eine gewisse Skepsis einführen, ist seelenzermürbend. Es kommt viel weniger darauf an, wie man das eine oder andere behandelt, als darauf, daß man die Jugend nicht in diesen zermürbenden Pessimismus hineinbringt.

Für sich selber muß man gerade für dieses Lebensalter als Lehrer doch eine gewisse Selbstbeobachtung haben, illusionsfrei sein, sich keinen Illusionen hingeben. Denn das wirklich Fatale ist gerade für dieses Lebensalter, in dem das Urteil heranreift, wenn die jungen Leute sich während der Unterrichtsstunde etwa gescheiter fühlen als der Lehrer, namentlich in Nebendingen. Sie sollten sich gar nicht gescheiter fühlen als der Lehrer, auch nicht in Nebendingen. Es sollten – und es kann das schon erreicht werden, wenn auch vielleicht nicht gleich in der ersten Stunde –, es sollten durchaus die jungen Leute so gefesselt sein, so gefesselt werden, daß tatsächlich sie abgelenkt werden von dem, was etwa kleine Eigentümlichkeiten des Lehrers sind und dergleichen. Auch in dieser Beziehung sind die latenten Blößen für dieses Lebensalter das fatalste.

Nun, wenn Sie bedenken, meine lieben Freunde, daß die Nichtberücksichtigung aller dieser Dinge sich auslädt in den Instinkten des Machtkitzels und der Erotik, dann werden Sie ja von vornherein einsehen, wie ungeheuer bedeutsam es ist, wirklich den Unterricht gerade für dieses Lebensalter großzügig in die Hand zu nehmen. Sie können viel leichter in den späteren Jahren, sagen wir des medizinischen Studiums, Fehler machen, als in diesem Lebensalter zwischen dem 14., 15. bis 18., 20. und 21. Lebensjahre. Denn in diesem Lebensalter wirkt tatsächlich alles, was man an Fehlern macht, in das ganze folgende Leben des Menschen verheerend hinein, außerordentlich verheerend hinein. Namentlich wirkt es verheerend auf das Verhältnis von Mensch zu Mensch. Richtiges Menscheninteresse für das ganze Leben ist nicht möglich, wenn nicht ein richtiges Weltinteresse erregt worden ist beim fünfzehn-, sechzehnjährigen Menschen. Wenn der fünfzehn-, sechzehnjährige Mensch bloß die Kant-Laplacesche Theorie lernt und dasjenige, was man durch die heutige Astronomie und Astrophysik lernen kann, wenn er also bloß diese Vorstellung vom Kosmos in seinen Schädel hineinbekommt, dann wird er eben in sozialer Beziehung ein solches Wesen, wie es die heutigen Zivilisationsmenschen sind, die eigentlich aus dem Antisozialen heraus brüllen nach allen möglichen sozialen Einrichtungen, aber in ihren wirklichen Seelenkräften eben durchaus das Antisoziale zum Ausdruck bringen. Ich habe es ja öfter gesagt, auch in öffentlichen Vorträgen: es wird nach sozialen Dingen geschrien, weil die Menschen solche antisoziale Wesen sind. Jedenfalls können wir nicht genug uns sagen: Die Zeit vom 14., 15. bis zum 18. Lebensjahre, die muß in der sorgfältigsten Weise gerade aufgebaut werden auf die grundmoralische Beziehung zwischen dem Lehrer und seinen Schülern. Unter dieser grundmoralischen Beziehung ist das Moralische im weitesten Sinne zu verstehen, so zum Beispiel, daß der Lehrer das allertiefste Verantwortlichkeitsgefühl sich vor die Seele ruft gegenüber seiner Aufgabe. Dieses moralische Verhältnis muß sich namentlich auch darin ausleben, daß man tatsächlich sich nicht selber dieses Abgelenktsein auf die eigene Subjektivität, auf die eigene Persönlichkeit allzuviel gestattet. Denn da wirken wirklich die Imponderabilien vom Lehrer auf die Schüler. Wehleidige Lehrer, fortwährend morose Lehrer, Lehrer, die sich selbst in bezug auf ihr niedriges Ich ungeheuer gern haben, die erzeugen gerade in diesen Jahren ihre getreuen Spiegelbilder in den Kindern, oder aber, wenn sie nicht die getreuen Spiegelbilder erzeugen, erzeugen sie furchtbare Revolutionen. Wichtiger als, wie gesagt, irgendeine abgezirkelte Methode in bezug auf den oder den Gegenstand ist, daß man sich in bezug auf das Urteil keine Blößen gibt, und daß man in dieses innerlich durch und durch moralische Verhältnis zu den Schülern kommt.

Es liegt in dem, was ich heute auseinandergesetzt habe, die Möglichkeit, daß selbst für die Mädchenerziehung dasjenige leicht zurücktritt, worüber heute die Menschen so furchtbar viel Wesens machen, die Erotik. Wenn man es dennoch sieht, wenn die Erotik in einem besonders erschreckenden Verhältnis in diesem Lebensalter bei der Jugend hervortritt, so sind die Lehrer daran schuld, indem sie urlangweilig sind und kein Interesse erwecken. Und wenn die Kinder kein Interesse an der Welt haben, ja, an was sollen sie denn denken? An nichts anderes, als was in ihrem Körper, in ihrem Herzen, ihrem Magen, in ihrer Lunge vor sich geht, wenn in einer langweiligen Weise geredet wird vom Mathematischen, Geschichtlichen und so weiter. Durch die Ablenkung des Interesses an die Welt soll man das einzig und allein verhindern, und darauf kommt ungeheuer viel an. Im Grunde genommen ist bei dem Überwiegen der Erotik, überhaupt bei diesem zuviel Rücksicht nehmen auf die Erotik der Kinder in diesem Lebensalter, wenn sie noch in der Schule sind, dann immer die Schule daran schuld. Denn sehen Sie, im Grunde genommen ist diese krankhafte Erotik, die heute schon so schrecklichen Umfang angenommen hat auch in der Betrachtung, die ist nur bei den städtischen Menschen vorhanden, bei den städtischen Menschen wiederum, die dann zu Pädagogen oder Ärzten geworden sind. Und erst als die Stadt ganz siegend wurde in unserer Zivilisation, sind diese Dinge zu so furchtbarer – Blüte möchte ich nicht sagen –, zu so furchtbarer Ausartung gekommen. Natürlich muß man da nicht auf den Schein sehen, sondern auf das wirkliche Sein. Es ist zum Beispiel durchaus nicht notwendig, daß man gleich als nichtstädtische Anstalten Landerziehungsheime betrachtet – es soll ja nichts gesagt sein gegen Landerziehungsheime –, aber so etwas kann nur zum Schein auf dem Lande sein. Wenn die Lehrer und Schüler alle die konträren Empfindungen auf das Land heraustragen, die eigentlich von städtischen Anschauungen durchdrungen sind – sie mögen das lange Landerziehungsheim nennen, man hat es mit einer Blüte der Stadt zu tun. Man hat überall durch den Schein durchzusehen auf das wahre Sein.

Es ist doch in dieser Beziehung richtig, was *Moriz Benedikt*, der Kriminalpsychologe und sonst übrigens ausgezeichnete Arzt, einmal gesagt hat mit Bezug auf alle Redereien über jugendliche Perversitäten, auch mit Bezug auf Homosexualität, überhaupt in bezug auf alles dasjenige, was geredet wird und so geredet wird, als ob es wiederum beobachtet werden soll – über alles das hat Moriz Benedikt, es ist ein Jahrzehnt her, gesagt: Vor 30 Jahren haben wir jungen Ärzte über dieses Kapitel nicht so viel gewußt wie heute die jungen Pensionatmädels.

Das sind Dinge, die ganz besonders pädagogisch wichtig sind und die in ganz ernsthafte Erwägung gezogen werden sollten gerade für dieses Lebensalter, das wir heute betrachtet haben. Morgen wollen wir da fortsetzen.

ZWEITER VORTRAG

Stuttgart, 22. Juni 1922

Es sollen also heute einzelne ganz aphoristisch gemeinte Bemerkungen zu verschiedenem Pädagogischem gemacht werden, das wir während unseres ersten Kurses besprochen und dann fortlaufend hinzugefügt haben, so, wie ich glaube, daß es gegenwärtig nötig ist. Den Weihnachtskurs, den ich in Dornach gehalten habe, und der ja in vieler Beziehung eine Ergänzung bildet zu den sonstigen Ausführungen über Pädagogik, konnte ich noch nicht nach den Nachschriften drucken lassen. Das wird hoffentlich auch einmal geschehen. Aber zunächst ist er ja in den Referaten von *Steffen* fortlaufend im «Goetheanum» erschienen. Dieser Abdruck im «Goetheanum» wird nun auch in Buchausgabe herauskommen, so daß man zunächst wenigstens diese Referate von Steffen über diesen Weihnachtskurs, den ich besonders wichtig zum Studium für pädagogisch Interessierte halte, haben wird.

Heute möchte ich zunächst auf einige Empfindungen hinweisen, die der Lehrer, der Erzieher eigentlich immer haben sollte, und die er sich auch immer wieder, ich möchte sagen, meditierend ins Bewußtsein hereinrufen soll. Die Grundempfindung muß eigentlich die sein, die ich in den verschiedensten Formen zum Ausdrucke gebracht habe: die Ehrfurcht vor der kindlichen Individualität. Wir müssen uns ja durchaus bewußt sein, daß eine geistig-seelische Individualität in jedem Kinde verkörpert ist, und daß wir in dem, was wir als das körperhafte Kind vor uns haben, eigentlich zunächst nicht einen wahren Ausdruck der kindlichen Individualität haben. Die Gesetzmäßigkeit, die Gliederung des menschlichen Organismus ist ja, wie Sie offenbar aus vielem ersehen haben werden, das vor unsere Seele getreten ist seit der Abhaltung des ersten Lehrerkurses, eine außerordentlich komplizierte. Und durch die verschiedensten Ursachen ist dasjenige, was die wahre Individualität eines Kindes ist, durch Hemmnisse im physischen und auch im ätherischen Organismus gehindert, sich vollkommen auszuleben, so daß wir eigentlich in dem Kinde immer vor uns haben die zunächst mehr oder weniger unbekannte wirkliche Individualität und dasjenige, was eigentlich maskiert ist durch das Leibliche des Kindes. Es ist dieselbe Wahrheit auch möglich in jener anderen Form auszudrücken, die ich versuchte auch in den öffentlichen Vorträgen in Wien zu sagen: Wir müssen uns bewußt sein, daß in irgendeiner Individualität eines Kindes, wenn wir es radikal charakterisieren, ein Genie stekken könnte, und es könnte ja auch sein, daß wir selbst als Lehrer und Erzieher kein Genie wären. Wenn dieses Verhältnis stattfindet, daß das Kind ein Genie ist und der Lehrer kein Genie ist, so ist das ein vollständig berechtigtes Verhältnis, denn es können nicht alle Lehrer Genies sein, und die Pädagogik hat es mit den allgemeinen Gesetzen zu tun. Aber es würde selbstverständlich ganz falsch sein, wenn dann der Lehrer seine eigene Individualität oder sogar seine eigenen Sympathien und Antipathien dem Kinde einimpfen wollte, wenn er dem Kinde dasjenige als das Richtige, als das Wünschenswerte und so weiter beibringen wollte, was er selbst für das Richtige und für das Wünschenswerte hält. Er würde dann das Kind selbstverständlich auf seinem Niveau zurückhalten, und das dürfen wir unter keinen Umständen. Wir können uns da außerordentlich zu Hilfe kommen, wenn wir, ich möchte sagen, wiederum meditierend uns recht tief zum Bewußtsein bringen, daß alle Erziehung mit der wirklichen Individualität des Menschen im Grunde genommen gar nichts zu tun hat, daß wir eigentlich als Erzieher und Unterrichter im wesentlichen die Aufgabe haben, mit Ehrfurcht vor der Individualität zu stehen, ihr die Möglichkeiten zu bieten, daß sie ihren eigenen Entwickelungsgesetzen folge und wir nur die im Physisch-Leiblichen und im Leiblich-Seelischen, also im physischen Leibe und im Ätherleibe liegenden Entwickelungshemmungen wegräumen. Wir sind nur dazu berufen, diese im Physisch-Leiblichen und im Leiblich-Seelischen liegenden Hemmungen wegzuräumen und die Individualität frei sich entwickeln zu lassen; so daß wir dasjenige, was wir dem Kinde an Erkenntnissen beibringen, im Grunde nur dazu benützen sollten, um das Leibliche, sowohl das Physisch-Leibliche wie auch das Ätherisch-Leibliche, so weit vorwärts zu bringen, daß der Mensch sich eben frei entwickeln kann.

Meine lieben Freunde, das sieht abstrakt aus, ist aber das allerkonkreteste der Erziehung und deutet zugleich auf dasjenige hin, wo man die allermeisten Fehler macht. Viele Leute sagen, man müsse die Individualität des Kindes entwickeln. Das ist ebenso richtig, wie es auf der anderen Seite inhaltsleer ist. Denn wären nicht die physischen und ätherischen Hemmungen da, so würde sich nämlich die Individualität jedes Kindes am Leben richtig entwickeln. Diese physischen und ätherischen Hemmungen müssen wir aber gerade hinwegräumen. Sehen Sie, Sie brauchen sich ja nur vor die Seele zu rufen, was für Schreckliches wir eigentlich tun, wenn wir ohne weiteres sechs-, sieben-, achtjährigen Kindern das Schreiben und Lesen beibringen. Man rückt sich das nicht oft genug in aller Härte vor die Seele. Denn, indem das Kind aufwächst bis zum 6., 7., 8. Jahre, bringt es wirklich nichts mit sich, was es hinweisen könnte auf jene kleinen dämonischen Dinge, die da auf dem Papier vor es hintreten, oder die es gar nachmachen soll. Es gibt keine menschlichen Beziehungen zu den heutigen Buchstabenformen. Daher müssen wir uns klar sein darüber, daß eigentlich zwischen dem, was sich im späteren Verlaufe der Menschheitszivilisation als Schrifttum herausgebildet hat und demjenigen, was das Kind ist in seinem 7. Jahre etwa, ein furchtbare Kluft ist. Wir müssen dem Kinde heute etwas beibringen, nach dem es ganz sicher gar nicht begehrt, damit es in die heutige Zivilisation hineinwachsen kann. Und wenn wir das Kind nicht durchaus verderben wollen, so müssen wir eben in der Weise vorgehen, daß wir das Kind in diesen Jahren so anpacken, wie es angepackt sein muß, damit die Entwickelungshemmungen wegkommen und es allmählich geführt wird nach Hinwegräumung der Entwickelungshemmungen zu dem Standpunkt der Seele, zu der Verfassung der Seele, wo die erwachsenen Leute in derjenigen Kulturperiode standen, als die heutigen Schriftformen entstanden sind. Die Natur des Kindes gibt ja natürlich selbst Veranlassung dazu.

Sehen Sie, heute werden Experimente angestellt über die Ermüdung der Kinder. Daß überhaupt solche Zahlen herauskommen, wie sie heute notiert werden, sollte nicht das Ende der Untersuchungen sein, sondern das sollte der Anfang sein. Man sollte sich fragen: Woher kommt das, daß die Kinder überhaupt so ermüden? – Man faßt *ein* System ins Auge, man faßt das Kopfsystem, wohl auch das Stoffwechsel-Gliedmaßensystem ins Auge, die ermüden, während das rhythmische System, das vom Zahnwechsel bis zur Geschlechtsreife in der höchsten Blüte seiner Entwickelung steht, in Wahrheit nicht ermüdet. Denn das Herz schlägt auch während der Ermüdung, der Atmungsrhythmus und alle Rhythmen gehen unbeschadet jeder Ermüdung vor sich, so daß die heutigen Zahlen des experimentellen Psychologen etwas anderes besagen, als was man heute gewöhnlich annimmt. Sie besagen, daß man viel zu wenig das rhythmische System berücksichtigt beim Kindesunterricht. Das rhythmische System wird aber unmittelbar von der Seele aus angeregt, wenn man künstlerisch, plastisch-künstlerisch oder musikalisch-künstlerisch den ganzen Unterricht gestaltet. Man wird dann schon bemerken, daß das Kind kaum ermüdet in erheblichem Grade gerade durch solchen Unterricht. Und der Lehrer sollte eigentlich ein sorgsames Auge dafür sich anschaffen, ob seine Kinder zu stark ermüden; er sollte sich einen gewissen Instinkt dafür anschaffen, ob die Ermüdung viel größer ist, als sie sein muß nach den bloß äußeren Bedingungen, daß die Klassenluft etwas schlechter ist, als sie sein sollte, daß die Kinder sitzen müssen durch Stunden, also die rein physischen Dinge, die den Stoffwechsel-Gliedmaßenorganismus in Anspruch nehmen. Dann wiederum muß das Kind denken. Wenn die Gedanken in leiser Weise nachklingen im Rhythmus, dann ermüden sie nicht allzu stark. Sie ermüden etwas, aber nicht allzu stark. Dasjenige, was für das Kind ganz besonders in Anspruch genommen werden muß als das körperliche Organ der Erziehung, des Unterrichtes, das ist eben das rhythmische System. Nun müssen wir in denjenigen Gegenständen, die nicht direkt auf das Künstlerische gerichtet sind, uns bemühen, den Unterricht so künstlerisch als möglich zu gestalten. Das muß schon ganz ernst genommen werden, denn das ist das einzig wirkliche Mittel der Erziehung: das Künstlerische zwischen dem Zahnwechsel und der Geschlechtsreife.

Ich habe gestern gesagt, dasjenige, was für dieses Lebensalter von ganz besonderer Wichtigkeit ist, ist, daß wir alles ins Bild verwandeln, entweder ins musikalische Bild oder ins plastische Bild. Nun könnten Sie natürlich finden, wie außerordentlich schwierig es ist in manchen Unterrichtsfächern, durch das Bild zu wirken. Verhältnismäßig leicht wird es sein, durch das Bild zu wirken, wenn man es mit der Geschichte zu tun hat, wo man dasjenige, was man schildert, zum Bilde gestalten kann; verhältnismäßig leicht wird es in diesem oder jenem Fache wie zum Beispiel in der Naturgeschichte sein, wo man auch dasjenige, was man dem Kinde beibringen will, möglichst ins Bild bringen soll. Schwieriger wird man dies in anderen Fächern finden. In den Sprachen zum Beispiel wird es nicht so schwierig sein, die Dinge ins Bild zu bringen, wenn man überhaupt einen gewissen Wert darauf legt, das Bildhafte der Sprache im Unterricht zu berücksichtigen. Man sollte eigentlich keine Gelegenheit versäumen, schon bei zehn-, elf-, zwölfjährigen Kindern darauf zu sehen, wie Sätze sich gliedern, sagen wir zum Beispiel ein dreigliedriges Satzgefüge meinetwillen aus dem Hauptsatz, dem Relativsatz, dem Bedingungssatz. Nicht wahr, das Grammatische daran, das ist ja nicht die Hauptsache; es soll von uns nur als Mittel behandelt werden, um zum Bilde zu kommen, aber wir sollten nicht versäumen, dem Kinde, ich möchte sagen, sogar eine räumlich-anschauliche Vorstellung zu geben von einem Haupt- und einem Relativsatz. Man kann das natürlich in der verschiedensten Weise erreichen. Man läßt den Hauptsatz einen großen Kreis sein, den Relativsatz einen kleinen Kreis, der vielleicht exzentrisch steht – ohne zu theoretisieren dabei, indem man im Bilde bleibt –, und man läßt den Bedingungssatz, den Wenn-Satz, so anschaulich werden, daß man etwa, sagen wir, Strahlen gegen den Kreis heranführt als die bedingenden Faktoren. Es ist nicht nötig, daß man diese Dinge übertreibt, aber es ist wirklich das nötig, daß man nach guter Vorbereitung seines Lehrstoffes immer wieder und wiederum doch auf diese Dinge zurückkommt. Und man sollte schon bei zehn-, elf-, zwölfjährigen Kindern auf das, ich möchte sagen, Moralisch-Charakterologische der Bildhaftigkeit im Stil eingehen. Nicht daß man da schon Stillehre haben soll. Wo die stehen soll in unserem Unterricht, haben wir ja gestern besprochen. Sondern es soll mehr aus dem innerlich Intuitiven heraus die Sache erfaßt werden. Man kann da sehr weit kommen. Man kann zum Beispiel das einzelne Lesestück, also nicht die pedantischen Lesestücke, die in unseren Lesebüchern sind, sondern das, was man sich wirklich sorgfältig zurichtet, man kann es auf das Temperament hin behandeln. Man kann sprechen nicht vom Inhalte, aber von einem melancholischen Stil, von einem cholerischen Stil. Also bitte ganz vom Inhalte dabei absehen, selbst vom poetischen Inhalte absehen; ich meine da den Satzbau. Man braucht die Dinge nicht zu zerpflücken, das sollte man geradezu vermeiden; aber die Verwandlung ins Bild, die sollte man pflegen, wenn ich sage: ins Moralisch-Charakterologische. Man findet schon die Möglichkeit, da anregend auf die Kinder in dem 10., 11., 12., 13. Jahre zu wirken, wenn man selbst in der entsprechenden Weise sich hinbändigt, die nötigen Studien zu machen.

Sehen Sie, meine lieben Freunde, es soll ja niemandem etwas am Zeug geflickt werden, ich will nur etwas charakterisieren. Ich habe wiederum recht vielsagende, für mich vielsagende Studien machen können jetzt bei unserem Wiener Kongreß, wenn ich verglichen habe die Haltung, die Stilhaltung derjenigen, die gesprochen haben, sagen wir, aus Norddeutschland und derjenigen, die gesprochen haben, als unsere Wiener, die hierher berufen worden sind. Ich habe mir immer gedacht, wenn wiederum der B. kommt oder der St. oder irgendein anderer Wiener, ob der wieder seinen Vortrag mit «Wenn» anfängt. Das ist so charakteristisch für dasjenige, was gerade der Österreicher ist, das ist unendlich vielsagend, das mit eine Konditionalsatz beginnen, es führt das sogleich in das Moralisch-Charakterologische hinein. Ich glaube, Sie werden sich selber kaum bewußt werden, wie Sie mit «Wenn» Ihre Vorträge begonnen haben! Die Norddeutschen und Schweizer, die fangen nicht mit «Wenn» an, die schmettern einen bedingungslosen, bejahenden Satz sogleich an erster Stelle heraus. Das ist so charakteristisch, und so müßte man auch selbst lernen die Dinge anzufassen, erstens damit man, wenn ich so sagen darf, von seinen eigenen Konditionen frei wird, und damit man in diesem Freiwerden auch eine künstlerische Behandlung, die nicht pedantisch ist, eine künstlerische Behandlung eines jeglichen Lehrstoffes erreichen wird. Man kann, wenn man auf solche Dinge achtgeben lernt, eine künstlerische Behandlung jedes Lehrstoffes erreichen. Und ich möchte darauf hinweisen, daß es ganz außerordentlich bedeutsam ist, sich selbst in Künstlerisches so hineinzufühlen, daß man auf Einzelheiten im Künstlerischen achtet, wenn man ein guter Lehrer sein will für Kinder vom Zahnwechsel bis zur Geschlechtsreife. Sehen Sie sich auch wiederum die Photographien an; sehen Sie sich an, wie der Dr. K., wie der W. steht, und betrachten Sie das nicht mit einem deutenden, kommentierenden Sinn, sondern betrachten Sie das mit einem künstlerischen Sinn, so werden Sie sehen, wie Ihnen das ungeheuer viel gibt. Es ist ja sehr wichtig, solche Dinge nicht zu pressen; es kommt natürlich sofort ein Unsinn heraus, wenn man mit dem Verstande ein Urteil abgibt, daß jemand immer eine Mappe in einer bestimmten Handlage hält und dergleichen. Wenn man es aber mit künstlerischem Sinne erfaßt, kommt etwas heraus, was nicht ganz in Worte gefaßt werden kann, was einem aber in ungeheuer bedeutsamer Weise das Künstlerische in die Glieder gießt, was man gerade als Pädagoge braucht. Es kommt sehr viel darauf an, daß man sich selber in die Lage bringt, die Dinge ins Bild zu verwandeln, denn das Bild bringt die Dinge, die wir dem Kinde beibringen wollen, eben tatsächlich an den Menschen heran.

Mit demjenigen, was wir nachgehend unserer eigenen wissenschaftlichen Bildung, die wir ja aufgenommen haben und die uns immer entgegentritt, wenn wir uns vorbereiten – die Bücher, aus denen wir uns vorbereiten, enthalten ja lauter Scheußlichkeiten –, beschweren wir uns mit etwas, was wissenschaftliche Systematik ist, und wenn wir nicht Zeit genug haben, das Ganze wiederum loszukriegen – wenn wir uns für irgendeine Stunde vorbereiten, so müssen wir ja ein heutiges Buch nehmen, in dem die Dinge wissenschaftlich angeordnet sind –, dann spukt das in unseren Köpfen. Tragen wir das dann an die Kinder heran, so ist das etwas, was nicht geht. Und wir müssen uns klar sein darüber, daß uns das selbst große Schwierigkeiten macht, daß heute sich bis in die Vorbereitungsbücher, die wir benützen können, die wissenschaftliche Systematik, nicht die menschliche Systematik, hineingeschlichen hat. Von dem müssen wir uns also absolut frei machen. Wir müssen alles, was wir in die Schule hineintragen für dieses Lebensalter, durchaus frei kriegen von aller wissenschaftlichen Systematik.

Und da ist es gut, sich etwas zu erinnern an Zeiten, in denen man allerdings ältere Kinder, ältere junge Menschen so unterrichtet hat, daß man es überhaupt selbstverständlich gefunden hat, daß nicht an den Kopf appelliert wird, sondern an den ganzen Menschen. Man braucht sich nur an jene mittelalterliche Trainierung erinnern: Grammatik, Rhetorik, Dialektik, wo es nicht darauf ankam, das oder jenes beizubringen, sondern das Kind dazu zu bringen, daß es sich ausdrücken kann in einem Satz, der grammatikalisch richtig ist. Man hat da nicht Grammatik gelehrt, sondern dem Kinde die Möglichkeit geboten, so bildhaft zu denken, daß seine Sätze bildhaften Charakter haben. Dann, nicht wahr, Rhetorik: das Kind sollte sich gewöhnen, die Schönheit des Wortes in seiner Gestaltung zu empfinden; Dialektik: das Kind sollte sich gewöhnen, den Gedanken in sich frei zu kriegen und so weiter; da kam es auf das Können hinaus. Und im Grunde genommen muß es auch bei den seelischsten Dingen vom Zahnwechsel bis zur Geschlechtsreife auf das Können hinauskommen. Das Können wird aber nur erreicht in diesem Alter, wenn man alles bis zum Bilde bringt.

Nun, da spielen die Nebensächlichkeiten zuweilen eine außerordentlich große Rolle. Es ist zum Beispiel wirklich etwas anderes, ob man, sagen wir, wenn man Mathematik vorbringt, eine Zeile von Buchstaben, die breiter ist, anordnet, und dann auf sie folgen läßt eine andere, die kürzer ist, ob man die nun an den Anfang oder in die Mitte stellt. Man kann aus dem, was eine Rechnungsoperation ist, zuletzt ein Bild machen, das die Schüler vor sich haben, und auf so etwas einen gewissen Wert legen, daß auch, was man auf die Tafel schreibt, ein Bild wird; daß selbst in den Nebensächlichkeiten diese Dinge durchaus berücksichtigt werden. Manchmal ergeben sich Gelegenheiten, das Bild aus einer ganz besonderen Ecke des Lebens, möchte ich sagen, herauszubringen. Mathematische Formeln oder Formelfolgen lassen sich manchmal durch Figuren umgrenzen, welche direkt als schön empfunden werden können. Solche Gelegenheiten sollten wir nicht vorbeigehen lassen. Es ist Sünd und Schade, wenn wir solche Gelegenheiten vorbeigeben lassen, wo man irgend etwas anschaulich machen kann, was vielleicht nur eine Art unnötige Ranke für denjenigen ist, der nur in philiströs-logischer Art zu denken vermag. Die philiströs-logische Art, die sollen wir allmählich für dieses Lebensalter – wenn ich mich so ausdrücken darf – aus unserer Seele herausimpfen. Wir impfen sie heute viel zu sehr immer mehr und mehr ein. Wir sollten sie herausimpfen; wir sollten mit aller Gewalt auf das Imaginative oder auf das

Musikalische hinarbeiten, und kommen dann für dieses Lebensalter dem Rhythmus eigentlich bei.

Und nun sollen wir uns nicht der Erkenntnis verschließen, daß wirklich Imponderabilien in der Totalität des Unterrichtes eine große Rolle spielen. Sehen Sie, wir haben in unseren allerersten pädagogischen Kursen hier in einer pädagogischen Beziehung von den vier Temperamenten gesprochen. Diese vier Temperamente bei den Kindern tatsächlich fortwährend zu studieren, das ist eigentlich in jeder Beziehung die Aufgabe des Pädagogen; sie so zu studieren, daß er sie auch fortwährend berücksichtigt. Denn, ich möchte sagen, in der richtigen Behandlung der Temperamente der Kinder seiner Klasse spielt sich das richtige Karma einer Klasse ab. Solch eine Klasse ist ja doch zusammen; es sind Seelen, die zusammen sind. Indem sie zusammen mit dem Lehrer und unter sich selber arbeiten, spielt sich ein Stück ihres Lebenskarmas ab. Da spinnen sich alle möglichen Lebensfäden an, aber ein Stück Karma spielt sich ab; namentlich sehr stark zwischen dem 7. bis 14. Jahre spielt sich ein Stück Karma ab. Und, wie die einzelnen Temperamente in dieses Karma hineinarbeiten, das ist dasjenige, was wir berücksichtigen sollten. In dieser Beziehung kann uns die Klasse – indem wir das den leisen Unterton sein lassen unseres pädagogischen Wirkens – fortwährend Gegenstand der inneren Aperçus sein. Und man sollte namentlich nicht es dazu kommen lassen, daß in irgendeiner Klasse schlafende, mitschlafende Schüler da sind. Ich verstehe jetzt unter mitschlafenden Schülern diejenigen, die nur halb oder drei Viertel oder ein Viertel während des Verlaufes der Stunde mit ihrem ganzen Menschen mitarbeiten. Es kann vorkommen, daß immer wiederum dieselben paar Begabteren, wie man sie gewöhnlich nennt – sie sind es nicht immer –, aufzeigen und die anderen bleiben schläfrig sitzen. Dann spielt sich eigentlich die Stunde in Lebendigkeit ab mit ein paaren, und die anderen sind eigentlich immer eine Art Statisten, und das ist dasjenige, was absolut vermieden werden muß. Denn natürlich beruht dieses Statistwerden oder Schwätzerwerden – es ist nicht so schlimm gemeint jetzt –, das beruht natürlich auch auf anderen Momenten. Aber es beruht durchaus auch auf der Gegensätzlichkeit der Temperamente. Es gibt natürlich solche unter den Schülern, die ein, sagen wir, sanguinisches Temperament haben oder gar ein cholerisches Temperament, die werden fortwährend aufzeigen, und man wird sich fortwährend mit ihnen beschäftigen, wenn man nicht besonders pädagogisch achtgibt; und es gibt andere, die mehr Melancholischen, Phlegmatischen, die werden dann zu den Statisten. Das ist absolut zu vermeiden, weil wir ja die größte Wohltat den etwas schneller denkenden und etwas leichter schwätzenden Schülern verleihen, wenn wir diejenigen, die langsamer denken und die nicht geneigt sind, so schnell den Mund aufzumachen, veranlassen, immer alles mitzumachen, auch mitzureden, mitzuarbeiten und so weiter. Es ist das durchaus notwendig, daß wir diese Unbequemlichkeit mitmachen. Wir werden dann das Gefühl haben, daß wir vielleicht eine kurze Zeit einmal weniger schnell vorwärtskommen, als wenn wir die Statisten sich selbst überlassen; aber auf die Dauer wird es sich doch anders erweisen. Auf die Dauer wird sich erweisen, daß wir vor allen Dingen auf das gedächtnismäßige Behalten der Kinder dadurch ungeheuer stark wirken, daß wir keine Statisten zulassen. Dasjenige, was das Berechtigte am Gedächtnis ist, das wird im wesentlichen dadurch unterstützt, daß wir keine Statisten zulassen.

Und so möchte ich sagen, hängt die Möglichkeit, recht bildhaft zu wirken, von der Wirksamkeit auch dieser Imponderabilien ab. Wir werden erfahrungsgemäß sehen, wenn wir alle Temperamente, alle Arten von Anlagen einer Klasse sich wirklich ausleben lassen, daß wir für das Alter vom Zahnwechsel bis zur Geschlechtsreife viel eher zu einer in dem Seelischen sitzenden Bildhaftigkeit kommen, als wenn wir das nicht tun. Es ist natürlich eine gewisse, ich möchte sagen, starke Hingabe an den Unterricht notwendig, wenn man die Dinge, die man zu bringen hat, wirklich immer mit der Rücksicht bringen soll, daß sie zum Bildhaften werden; aber man sollte dennoch für dieses Lebensalter niemals eine Schulstunde schließen, ohne daß man dem Kinde etwas Bildhaftes mitgibt. Diejenigen, die von vornherein etwa malen können mit den Kindern, die haben es ja natürlich in dieser Beziehung leichter; aber dafür wirken auch um so mehr diejenigen auf die Kinder, die, sagen wir, zum Beispiel bei den Sprachen oder beim Rechnen Bildhaftes den Kindern mitgeben. Und es gibt eigentlich im Grunde genommen keine andere wirkliche Vorbereitung für dieses Wirken in Bildhaftigkeit für den Pädagogen, als dasjenige, was ich andeutete: unseren Beobachtungssinn für das Leben so zu verschärfen, daß wir in aller Objektivität eingehen auf dasjenige, was das Leben so offenbart, namentlich auch am Menschen offenbart. Es müßte eigentlich gerade unter Pädagogen eine gesunde künstlerische Physiognomik, nicht nur Physiognomik für Menschen, sondern zum Beispiel auch Physiognomik des Tierischen wieder aufleben, eine gesunde, nicht etwa die sentimentale *Lavater*sche Physiognomik und dergleichen, sondern eine gesunde Physiognomik, wo das Bildhafte aufgesucht wird, ohne daß man bis zur Abgeschlossenheit des Begriffes geht, daß man im Bilde bleibt, zufrieden ist damit, wenn man die Dinge bis zum Bilde gebracht hat, es müßte eine solche gesunde Physiognomik wiederum aufleben, und sie wird dann schon von selber in allerlei Vornahmen, in allerlei Prozesse, die der Lehrer während der Unterrichtsstunde entwickelt, eben übergehen. Nirgends so sehr soll ja gesehen werden auf das Wie und nicht so sehr auf das Was, als gerade beim Unterricht und der Erziehung. Es kommt eben durchaus nicht auf das Was an, sondern durchaus darauf, daß das Was in einem gewissen Wie, in einer gewissen Art innerhalb des Unterrichtes auftaucht. Und es gibt keinen größeren Feind für den Lehrer als eine nicht vollendete Vorbereitung, denn die veranlaßt ihn immer, beim Was stehenzubleiben; währenddem eine vollendete Vorbereitung immer dazu führt, daß man von dem Was zu dem Wie übergeht, daß man selber seine Freude daran hat, wenn man sieht, wie man das dem Kinde zubereiten kann, wie man es gestaltet vor dem Kinde, indem einem die Gestaltung selber erst geworden ist wie eine Eingebung und dergleichen. Wir sollen nicht zurückschrecken, wenn wir in dieser Beziehung oftmals selbst Unverständliches an die Kinder heranbringen. Unverständliches, das die Kinder auf unsere Autorität hin – und für die Kinder zwischen dem Zahnwechsel und der Geschlechtsreife entscheidet ja die Autorität – annehmen, den Kindern beigebracht, ist besser als Triviales, das ihnen verständlich ist, und das sie aus ihrem eigenen Intellekt heraus begreifen.

Das sind durchaus, ich möchte sagen, feinere Nuancen dessen, was der Lehrer, der Erzieher mit seinem eigenen Seelenleben anfangen soll.

Sie werden, wenn Sie vielleicht noch einmal den Weihnachtskurs über Erziehung ansehen, bemerken, daß da eigentlich überall Wert darauf gelegt ist, die Frage zu beantworten: Wie gestalten wir das Hüllenhafte des Menschen, den physischen Leib, den Ätherleib? – nicht, wie gestalten wir die Individualität? Die gestaltet sich dann schon von selber. Wenn man sagt: Wie gestaltet man den physischen Leib? –, so ist das so, daß heute in einem materialistischen Zeitalter die Menschen eben keine Ahnung davon haben, daß man den physischen Leib durch die geistig-seelischen Vornahmen, geistig-seelischen Prozesse, die man beim Unterricht entwickelt, eben gestaltet.

Nehmen wir zum Beispiel an, ein Kind stolpert über seine eigenen Worte, findet das nächste Wort nicht. Sehen Sie, beim Kinde, bevor es die Geschlechtsreife erreicht hat, ist dieses Stolpern über seine eigenen Worte eine Eigenschaft, die noch in der physischen Leiblichkeit im oberen Menschen begründet ist. Der obere Mensch ist ja der Mensch in physischer Beziehung, der seine hauptsächliche Entwickelung in der ersten und gar in der kindlichen Lebensperiode durchmacht. Wenn Sie die Möglichkeit finden, das richtige Tempo herauszufinden für dasjenige, was Sie das Kind singen lassen, erzählen lassen, das richtige Tempo zu gewinnen für einen solchen, der uns da warten läßt, wenn er von einem Worte zum anderen den Übergang suchen soll, dann sind Sie in der Lage, dieses beim Kinde bis zur Geschlechtsreife durchaus vom Seelischen aus zu kurieren. Sie schaffen eine leibliche Hemmung weg. Haben Sie es vom Leiblichen nicht weggebracht bis zur Geschlechtsreife, dann haben Sie sein Gegenbild ausgebildet im Stoffwechsel-Gliedmaßensystem, dann ist es zu einer Eigenschaft der Gedärme geworden, dann kriegen Sie es nicht wieder heraus. Dann hilft Ihnen alles nichts, was Sie im gewöhnlichen Sinne anstellen als geistige Übungen. Die müssen so stark angestellt werden, daß sie das Verdauungssystem beeinflussen, und das ist natürlich nicht immer möglich, daß man das, ich möchte sagen, allgemein einführt. Das würde zum Mißbrauch von gewissen Übungen führen. Aber beim Kinde ist es so, daß wir sorgfältig beobachten müssen, ob es unternormal langsam von einem Worte zum anderen, von einem Gedanken zum anderen übergeht. Und beim Kinde können wir noch den Leib gesund machen. Wir machen das Verdauungssystem krank, wenn wir ein solches Wartenlassen von einem Wort zum anderen nicht in der Jugend kurieren. Das obliegt uns und ist wichtiger als irgendeinen Inhalt – den wir ja brauchen, denn wir müssen etwas lehren und dadurch müssen wir einen Inhalt haben – dem Kinde beibringen. So wirkt ja im ganzen physischen Organismus einfach der Geist. Wir müssen gerade, um den physischen Organismus in der richtigen Weise beherrschen zu lernen, Geisteswissenschaft kennen, weil im physischen Organismus gerade der Geist wirkt. So sind wir darauf angewiesen, daß wir in einer gewissen Weise das gesunde medizinische Denken wiederum heranbringen an das pädagogische Denken. So daß wir tatsächlich wiederum im Ernste zu nehmen wissen so etwas, sagen wir, wenn im Alten Testamente mitgeteilt wird, daß jemand geplagt worden ist von bösen Träumen, da wird nicht die Redensart gebraucht: Mein Gehirn hat da irgend etwas Besonderes arrangiert, Gott hat mich durch mein Gehirn geplagt. – Das würde kein Mensch, der im Alten Testamente tätig war, gesagt haben. Sondern er hat gesagt: Gott plagt mich durch meine Nieren. – Warum? Aus dem einfachen Grunde, weil das richtig ist. Die heutigen Menschen sind stolz darauf, zu wissen, daß die seelischen Dinge vom Gehirn ausgehen, und sie setzen sich mit einem Hochmut hinweg über dasjenige, was im Alten Testamente steht. Nicht wahr, nicht nur das Gehirn ist durchgeistigt, sondern der ganze Organismus ist durchgeistigt. Die Träume kommen zum Beispiel aus den Nieren; der Ausdruck aus dem Alten Testamente ist durchaus ernst zu nehmen. Geradeso wie es zwar gescheit ist im modernen Sinn, zu sagen, auch das Mitleid kommt aus dem Gehirn; aber im tiefern Sinne ist es ein Unsinn, und die alttestamentliche Form, daß das Mitleid aus den Eingeweiden kommt, ist die richtige.

Und so müssen wir wissen, daß, wenn wir mit dem Seelisch-Geistigen an das Kind herantreten, wir seinen ganzen Leib behandeln. Wir sind ja gerade diejenigen, die mit ärztlicher Klugheit pflegen das Körperlich-Leibliche des Kindes, wenn wir dieses oder jenes im Satzbau, in der Behandlung der Farben, in der Behandlung des Tones, in der Behandlung dieses oder jenes Gegenstandes tun. Wir üben ja Einfluß aus auf das ganze Physische; denn im Physischen ist der Geist, und wir wirken auf diesen Geist, nicht nur auf den Geist, der bloß unmittelbar im Gehirn seinen Sitz hat, denn da drinnen hat ja doch kurioserweise das Unwirksamste seinen Sitz. Und so müssen wir uns ansehen als Pädagogen entweder als Leute, die fortwährend Förderndes, Lebengestaltendes in den Kindern heranziehen oder Giftiges, das den Körper herunterbringt. Wenn wir irgend etwas nach dem Formalistischen hin übertreiben, wenn wir die Kinder bis zur Ermüdung denken lassen, ja, dann verurteilen wir sie ja zwischen dem 7. und 14. Jahre dazu, daß sie verhältnismäßig früh in die Sklerose verfallen. Wir müssen uns nur bewußt sein, daß wir arbeiten am ganzen Leben, wenn wir dieses oder jenes in der Umgebung des Kindes in der Erziehung und im Unterrichte entwickeln. Und wir werden ganz gewiß nicht in richtiger Weise zur Behandlung der pädagogischen Fragen in dieser Beziehung herankommen, wenn wir nicht uns bewußt sind: Wir sind eigentlich berechtigt, nur die Hindernisse und Hemmnisse, die sich aus der physchen und ätherischen Natur des Menschen ergeben, hinwegzuräumen.

In bezug auf das übrige wird ja der heutige Mensch, der viel egoistischer ist, als er denkt, selbstverständlich sagen: Mir erscheint dieses richtig, mir erscheint jenes unrichtig –, und wird dann das Kind auch so aufziehen, daß es möglichst so fühlt und so denkt wie er selber. Das ist natürlich das Unrichtige. Was eben richtig ist in bezug auf alles Inhaltliche, ist ja das Leben – nicht die einzelne Lehrerindividualität –, das wir fragen müssen. Wir müssen natürlich heute einem Kinde Schreiben beibringen. Ich muß gestehen, ich finde in mir kein Geschmacksurteil, das unmittelbar aus dem Menschlichen heraus mir Antwort geben würde, ob ein Kind schreiben lernen soll oder nicht, nur aus der Betrachtung der Zivilisationsentwickelung heraus ergibt es sich. Die Menschheit ist heute dabei angekommen, daß ein gewisser Zivilisationsinhalt auf dem Schrift- und Leseweg wirkt. Nun müssen wir, damit das Kind nicht für eine andere, sondern für diese Welt erzogen wird, dem Kinde Lesen und Schreiben beibringen. Das ist ja etwas, was wir als Bedingung der Zivilisation hinnehmen müssen, und so müssen wir die Entwickelungshemmungen wegschaffen, die dadurch, daß man in einem gewissen Zeitalter lebt, auch wiederum an den Menschen herankommen. Wir haben ungeheuer viel zu tun, wenn wir uns die Frage beantworten wollen: Wie machen wir die Gegenstände, die schon einmal gegeben sind für die menschliche Entwickelung des Kindes, am allerunschädlichsten? – Denn wir können immer annehmen, daß wir dadurch, daß wir einen gewissen Stoff an das Kind heranbringen müssen, dem Kinde eher schaden als nützen. So müssen wir uns immer fragen: Wie vermeiden wir den Schaden, der eigentlich im Grunde genommen immer angerichtet werden muß, wenn wir dem Kinde irgend etwas beibringen? Nun, das gilt natürlich um so weniger, je mehr die Sache nach dem Künstlerischen geht, und um so mehr, je mehr die Sache nach dem Erkenntnismäßigen geht. Aber vor unserer Seele stehen muß diese Tatsache eigentlich im Grunde genommen immer. Und nun sollen wir uns ganz klar darüber sein: das richtige autoritative Verhältnis, das bestehen soll zwischen dem Zahnwechsel und der Geschlechtsreife zwischen dem Erzieher und dem Kinde, dieses richtige autoritative Verhältnis wird unter keinen anderen Umständen hervorgerufen, als wenn wir uns bemühen, den Unterricht künstlerisch-bildhaft zu gestalten. Wenn wir das können, dann wird das autoritative Verhältnis ganz gewiß entstehen. Sehen Sie, dasjenige, was das autoritative Verhältnis untergräbt, ist die einseitige Intellektualität. Die einseitige Intellektualität zu pflegen ist natürlich am leichtesten in den Gegenständen des Rechnens, der Naturwissenschaften und so weiter. Gerade da sollen wir aber ins Bildhafte hineinarbeiten. Oftmals gestalten wir auch zu unbildlich in dem Sprachunterricht. Nun sollen wir uns nur klar sein darüber: wenn wir bildhaft gestalten, gehört dazu eine gewisse Selbstlosigkeit. Es ist viel leichter, gescheit zu denken, viel egoistischer ist es, gescheit zu denken, als bildhaft zu gestalten; und wir stehen dem Kinde eben selbstlos gegenüber, wenn wir im Unterrichte bildhaft gestalten. Wenn das Kind dann geschlechtsreif geworden ist, und die Kenntnis in Erkenntnis übergehen soll, dann lehnt es deshalb, weil sein Intellekt jetzt erwacht ist, einfach das Urteil des Lehrenden, des Erziehenden schon von selber ab. Dann wird nichts mehr mit der bloßen Autorität erreicht, dann müssen wir konkurrieren können, dann müssen wir wirklich mit dem Kinde schon konkurrieren; denn eigentlich ist man tatsächlich mit 17 Jahren so gescheit als mit 35 in bezug auf die Urteilsfähigkeit. Gewisse Nuancen kommen vor, aber im wesentlichen ist man mit 17 Jahren, was das Formal-Logische betrifft, so gescheit als mit 35 Jahren. Man muß also eigentlich schon mit dem Kinde konkurrieren, sobald es geschlechtsreif geworden ist. Und deshalb muß das eintreten, was ich gestern gesagt habe, daß man sich in keiner Weise eine Blöße geben darf. Das wird einem natürlich leicht dem jüngeren Kinde gegenüber, wenn man sich einer künstlerischen Gestaltung des Unterrichtes hingibt. Und besonders viel wird man dadurch erreichen, daß man ein Gefühl sich erwirbt, wie sich verschiedene Glieder des einen oder anderen in der verschiedensten Weise künstlerisch gestalten lassen. Sagen wir einmal, man nimmt mit den Kindern durch eine Anzahl von Pflanzen. Man bespricht die Blüten; jetzt versucht man im ganzen Ton, ich möchte sagen, bis zum Tonfall hin, die Blüten so zu schildern, daß die ganzen Worte und Vorstellungen etwas Strömendes sind, daß sie leicht sind. Nun versucht man, indem man dieses entwickelt, sich gerade an die sanguinischen Kinder zu wenden, damit die sanguinischen Kinder dasjenige für die ganze Klasse beitragen, was sie besonders haben an Auffassungsgabe, an leichter Auffassungsgabe, sagen wir für solche Vorstellungen, die ein künstlerischer Mensch entwickelt, wenn er Blüten schildert. Wendet man sich jetzt zu den Blättern, dann ist es durchaus möglich, daß man einen solchen Ton anschlägt, daß man bei den Blättern mehr das Interesse der melancholischen Kinder erregt; der Dialog mit der Klasse geht jetzt auf die melancholischen Kinder über. Schildert man die Wurzeln, die gar nicht gesehen werden für gewöhnlich, die man aber schildern kann so, daß man ihre Kraft nachempfindet in den Blüten, schildert man das, was eigentlich für gewöhnlich unsichtbar ist, dann muß man nicht mehr statisch, sondern dynamisch schildern, und da helfen einem dann die cholerischen Kinder zu einem ordentlichen Dialog. So kann man die ganze Klasse benützen zu einer Gegenseitigkeit des Sich-Anregens, wenn man nur den Sinn dafür entwickelt, der instinktiv werden kann. Nur, nicht wahr, ist es notwendig, daß man auf solche Dinge achtet.

Nun, tatsächlich ist ja die Sache so, daß man es sich viel schwerer vorstellt, als es eigentlich ist. Denn, hat man einmal sich ein Vierteljahr in eine solche Richtung gebracht, dann hat man selber das Bedürfnis, sich in eine solche Richtung zu bringen. Nur – die Geschichte hat einen Haken. Mit großer Lust beginnt man so etwas. Man sagt sich: Ich will das jetzt machen, ich will tatsächlich bildhaft gestalten, den Unterricht bildhaft gestalten, morgen fange ich an. – Nun geht es acht Tage, nachher wird man aber lässig; und das ist der Haken, den die Sache hat. Es ist notwendig, daß man ein Vierteljahr durchhält, dann hält man länger durch. Acht Tage machen es nicht, aber ein Vierteljahr macht etwas aus, wenn man sich ernsthaft daran hält, sich zu trainieren durch ein Vierteljahr.

Und nun möchte ich Ihnen heute, meine lieben Freunde, nicht die eine oder andere Regel gegeben haben für das eine oder andere im Unterricht. Wir werden ja vielleicht bei künftigen Zusammenkünften immer pädagogische Vorträge veranstalten, so daß wir immer weiter vorwärts kommen. Aber ich hätte Ihnen heute gerne geben wollen so etwas, was dazu führt, daß Sie selbst meditativ sich in eine pädagogische und pädagogisierende Stimmung hineinbringen. Ich hätte gerne manchmal, daß da oder dort ein Arm sich anders bewegen würde in einer Klasse, damit er ein anderes Bild vor den Schülern entwickeln würde. Ich hätte gerne, daß manchesmal die Stoßigkeit zum Beispiel, die immer unbildmäßig ist, nicht zu den Vornahmen im Klassenzimmer gehört. Ich hätte manchesmal gerne, daß dieses oder jenes nicht ganz graziöse Tafelabwischen durch ein graziöseres ersetzt würde. Das alles ergibt sich ganz von selber. Aus dem Unkünstlerischen ins Künstlerische wird es hineingearbeitet, wenn der allgemeine Sinn dafür da ist, und der allgemeine Sinn ist eigentlich viel wichtiger als die einzelne dogmatische Regel für den Pädagogen. Ich möchte gerne, daß Sie heute dieses aufgenommen haben, was Sie auf die Wichtigkeit des Herzschlages, mit dem man bei der Pädagogik ist, das Sie auf diese Wichtigkeit des Herzschlages aufmerksam macht.

Anregungen
zur innerlichen Durchdringung
des Lehr- und Erzieherberufes

ERSTER VORTRAG

Stuttgart, 15. Oktober 1923

Meine lieben Freunde, die Eindrücke, die ich nun seit längerer Zeit in der Schule gesammelt habe, legten es mir nahe, in der ganz kurzen Zeit, in der ich nun in Stuttgart sein kann, einiges zu sprechen, das eigentlich unmittelbar aus diesen Eindrücken heraus gesprochen werden soll. Die Fruchtbarkeit unserer gesamten Wirksamkeit an einer solchen Institution wie der Waldorfschule hängt ja, wie im Grunde genommen alles, was auf Erziehungskunst hinauslaufen soll, davon ab, daß der Lehrende, der Erziehende selber in sich die Möglichkeit findet, diejenige Stimmung zu erzeugen, die ihn aufrecht und auch in richtigem Sinne aktiv in seine ganze Betätigung hineinträgt. So möchte ich Ihnen diesmal vorzugsweise von der Lehrerschaft selber sprechen. Ich möchte einiges vorausschicken, das ich vor kurzem in einem englischen Lehrerkurs von einem etwas anderen Gesichtspunkte aus angedeutet habe und dann für heute zunächst einiges daran anschließen, das, wenn Sie es in der richtigen Weise auf Ihre Seelen wirken lassen, vielleicht etwas dazu beitragen kann, Ihnen immer mehr und mehr die richtige Stimmung zu geben. Es hängt sehr viel im Unterrichten und Erziehen von dieser Stimmung ab. Man kann außerordentlich gut die Grundsätze des Unterrichtens und der Erziehung in sich tragen, kann sie im einzelnen geistvoll, meinetwillen auch herzlich durcharbeiten, aber auf ganz fruchtbaren Boden wird, was wir zu wirken versuchen in der Schule, nur dann fallen können, wenn wir die gesamte Stimmung, die wir in die Schule hineintragen, zu einer geschlossenen, abgerundeten, harmonischen machen können.

Nun ist der Mensch nicht nur von den Gesichtspunkten aus, von denen das oft angedeutet worden ist, ein dreigliedriges Wesen, sondern er ist eigentlich von jedem Gesichtspunkte aus, der nur ein wenig näher liegt dem irdischen als die höheren geistigen Gesichtspunkte, ein dreigliedriges Wesen. Und als dreigliedrig erweist er sich uns auch ganz besonders dann, wenn wir in der Menschheitsentwickelung den Menschen in seiner erzieherischen Tätigkeit ins Auge fassen.

Wir brauchen nicht weit zurückzugehen – für ältere Zeiten würde es etwas anderes sein –, gehen wir nur zurück bis zu der Zeit, die heute noch immer den Angehörigen unserer abendländischen Zivilisation im Geist bewegt: gehen wir zurück zum griechischen Zeitraum der Menschheitsentwickelung. Wir finden, daß in diesem griechischen Zeitraum der Erzieher eigentlich der Gymnast war, derjenige, der vor allem darauf bedacht war, seinen Zögling von der äußeren, physischen Körperlichkeit aus zu einem Menschen zu gestalten. Aber man faßt, besonders für die ältere Zeit, den griechischen Gymnasten nur dann richtig auf, wenn man weiß, daß es sich bei diesem griechischen Gymnasten zu gleicher Zeit um eine Heranbildung auch des Seelischen und Geistigen handelt. Der Grieche, es ist wahr, er legte vor allem Wert darauf, durch körperliche Übungen, die alle im künstlerischen Sinne gestaltet waren, seinen Zögling zum Menschen zu machen. Aber diese körperlichen Übungen waren – das sieht eben die heutige Zeit so wenig ein – alle darauf hinorientiert, daß, während man den Zögling diesen oder jenen Tanz oder sonstige rhythmische oder gymnastische Bewegung machen ließ, an den Zögling gerade durch die Entfaltung und Bewegung von Rhythmen und Takt und so weiter geistige Wesenheiten herankommen konnten, die dann lebten in den Bewegungen, im Rhythmus, im Takt, zu denen der Zögling angehalten wurde. Und indem der Zögling mit seinen Armen und Beinen etwas machte, tat er das so, daß geistiger Einfluß von dem Gliedmaßenorganismus aus, dadurch aber auch von dem Stoffwechselorganismus aus, in den rhythmischen, in den Sinnes-Nervenorganismus einzog, und daß der ganze Mensch dadurch seine Ausbildung erlangte. Daher sollte man gar nicht sagen: in Griechenland wurde vorzugsweise Gymnastik gepflogen; denn man hat dann die Meinung, sie wäre so gepflogen worden wie bei uns, wo sie in den meisten Fällen nur äußerlich, körperlich gemacht wird. Man sollte sich klar sein, daß bei den Griechen in der Art ihrer Gymnastik zugleich die seelische und geistige Erziehung beschlossen war. Der griechische Erzieher war Gymnast. Er erzog den Körper, und er erzog mit dem Körper Seele und Geist, weil er imstande war, in die körperliche Bewegung wie durch Zaubergewalt die seelische und geistige Welt hereinzuziehen. Dessen waren sich auch die älteren griechischen

Gymnasten durchaus bewußt. Sie hielten nichts davon, in einer abstrakten, intellektuellen Weise den Menschen erziehen zu wollen, ihm irgend etwas von dem beizubringen, was wir heute den Zöglingen beibringen. Wir reden ausschließlich zum Kopf, selbst wenn wir dies nicht wollen. Der Grieche brachte seine Zöglinge in Bewegung; er brachte sie so in Bewegung, daß diese Bewegung harmonisierte mit der Dynamik des geistigen und physischen Kosmos.

Man kann dann weitergehen in der Menschheitsentwickelung. Bei den Römern fängt es schon an; man hat die Kunst verlernt, Seele und Geist auf dem Umwege durch das Körperliche zu pflegen, man muß unmittelbar an die Seele heran. Man erzieht vorzugsweise durch dasjenige, was im Leben dem Seelischen naheliegt, man erzieht durch die Sprache. Aus der Sprache heraus wird in der römischen Erziehung in Wahrheit dasjenige geholt, was aus dem Zögling gemacht werden soll; und der Erzieher wird von dem Gymnasten zum Rhetor. Schönheit der Rede ist es, was jetzt von der römischen Zeit ab in das Erziehungswesen einzieht und was im Grunde genommen in einer gewissen Weise auch noch durch das Mittelalter hindurch fortwirkt. Schönheit der Rede, in der Ausgestaltung des Wortes und in dem Bewußtsein, daß das plastisch und musikalisch gestaltete Wort zurückwirkt auf den ganzen Menschen. Aus diesem Bewußtsein empfand man die wichtigsten Erziehungsgrundsätze. Der Grieche ging gewissermaßen auf die körperliche Grundlage des Menschen zurück, zog alles in Seele und Geist hinauf. Der Römer ging auf die Mitte des Menschen, auf den sublimierten Ausdruck des rhythmischen Systems, auf die musische, musikalische Sprache der Dichtung, und er hatte das Vertrauen, daß, wenn die Sprache richtig gehandhabt wird, diese richtig musikalisch und plastisch-malerisch gehandhabte Sprache zurückwirkt auf das Körperliche und hinaufwirkt auf das Geistige. Auch in dieser Erziehung wurde noch nicht auf eine intellektuelle Heranbildung gesehen, sondern es wurde eben im Sprechen etwas außerordentlich Wichtiges und Wesentliches gesehen.

Nun kam es so, daß seit dem 15. Jahrhundert der Rhetor als Erzieher allmählich übergegangen ist in den Doktor als Erzieher. Selbst jene Erzieher, welche heute nur durch Seminare hindurchgegangen sind, sind eigentlich Doktoren. Das war bisher in einer gewissen Weise berechtigt, wenn auch nicht immer das Doktorideal in einer solchen Weise den Erziehern vor Augen steht, wie es einmal bei einem Turnlehrer, den ich gut kennengelernt habe, der Fall war, der sich höchst unbehaglich fühlte an den Geräten und im Turnen, aber höchst gerne auf ein Podium stieg und theoretisch das Turnen vortrug. Seine Schüler saßen schlecht, zusammengekrümmt auf den Bänken und hörten zu, was der Turnlehrer vortrug. Das war in anderen Anstalten nicht möglich, aber in Seminarien war das so, daß er theoretisch eine Stunde in der Woche vortragen konnte. Er fühlte sich da gelehrt, er fühlte sich als Doktor. Und dieses Prinzip, dasjenige, was nun nicht vom rhythmischen System ausgeht, sondern was ausgeht vom Kopf, vom Sinnes-Nervensystem, zur Grundlage der Erziehung zu machen, das trat immer mehr und mehr hervor. Je mehr wir uns als Menschheit der neueren Zeit näherten, nahm das immer mehr überhand seit dem 15. Jahrhundert. Es ist heute nicht ganz leicht, den Grundsatz zu befolgen, für so etwas wie die Waldorfschule möglichst viel Lehrer zu bekommen, die in sich nicht das Ideal des Doktors verwirklichen wollen, möglichst keine Doktoren zu bekommen. Ich meine das nicht äußerlich, sondern innerlich. Es ist das nicht ganz leicht, weil es schon einmal übergegangen ist in das Bewußtsein der modernen Menschheit, daß man dadurch eben als Mensch etwas gewinnt, wenn man gelehrt wird. Es wird aber für die allgemeine Zivilisation erst dann wieder Heil erwachsen können, wenn man darauf kommt einzusehen, daß gelehrt zu sein in Wirklichkeit schädlich ist, daß das vom Menschen etwas wegnimmt, nicht zu ihm etwas hinzutut. Und ebenso wie ich es außerordentlich liebe, wenn irgend jemand recht verständnisvoll zu einer solchen Sache, wie ich sie eben ausgesprochen habe, nickt, muß ich auf der anderen Seite wieder sagen, daß ich auch Bedenken habe gegen dieses Nicken, weil man die Sache zu leicht nimmt. Man ist nicht geneigt, innerlich den Doktor abzulegen, selbst wenn man ihn gar nicht hat, selbst wenn man ihn nur so im allgemeinen Bewußtsein trägt. Und dann wiederum ist eben das, was bewirkt hat, daß an die Stelle des ehemaligen Gymnasten und Rhetors der Doktor getreten ist, mit dem ganzen Charakter und Wesen der neueren Zivilisation so verknüpft, daß wir es nicht ausschalten können. Gewiß, an der Erziehung merkt man es am meisten, wie schlimm es ist für den Menschen, wenn er durch das Doktorat durchgegangen ist; aber auf der anderen Seite ist dasjenige, was dazu geführt hat, daß dieser Doktor zu einer gewissen Führereigenschaft gekommen ist, für das ganze Intellektuellwerden der neueren Kultur und Zivilisation notwendig gewesen.

Aber wir stehen gerade heute vor dem Punkt, daß wir die Synthesis dieser drei Elemente des Menschen – denn das ist auch eine Dreigliederung der menschlichen Natur: Gymnast, Rhetor, Doktor – ausbilden müssen, und am allernotwendigsten ist diese Ausbildung auf dem Gebiete des Erziehungswesens. Wenn daher wirklich alles dem Ideal gemäß verlaufen könnte, wäre es eben ein Ideal für eine Lehrerschaft, immer fort und fort pflegen zu können auf der einen Seite getrennt für sich im edelsten Sinne Gymnastik, im edelsten Sinne Rhetorik, mit alledem, was dazu gehört hat in der älteren Auffassung, und im edelsten Sinne das Element des Doktors, aber diese drei Elemente dann zusammenzufassen. Fast schaudere ich davor zurück, das, was Sie doch in dieser Beziehung wissen müssen und in die Gesinnung aufnehmen müssen, so ganz trocken zu charakterisieren; denn ich fürchte, dann artet es wieder aus, wie manches, was gesagt werden muß, ausartet. Es soll nicht ausarten. Es sollte schon darauf gesehen werden, daß der Lehrer einfach für seine Erziehungs- und Unterrichtskunst braucht die Zusammenfassung der äußeren Bewegung, des vergeistigten Gymnasten, des durchseelten Rhetors, drittens das lebendig gewordene Geistige, nicht das tote, abstrakt gewordene Geistige.

Und so sollte eigentlich mit dem, was im edelsten Sinne als Gymnast wirkt, was wir im Turnen und in der Eurythmie haben, die ganze Lehrerschaft fortwährend im Zusammenhang wirken, alle diese Dinge zu etwas Eigenem zu machen. Und Sie werden sehen, wenn es Ihnen gelingt, Eurythmie wirklich innerlich zu durchdringen, daß Sie es selber erleben, daß in jeder eurythmischen Bewegung ein seelisches und geistig wirkendes Element liegt. Jede eurythmische Bewegung ruft aus den tiefsten Grundlagen der menschlichen Wesenheit heraus Seelisches, und jede turnerische Bewegung, wenn sie nur in der richtigen Weise angewendet wird, ist so, daß sie im Menschen hervorruft gewissermaßen eine geistige Atmosphäre, in die dann das Geistige nicht abstrakt tot, sondern lebendig eindringen kann.

Von einer ganz besonderen Bedeutung ist heute für den Erzieher noch das rhetorische Element im edelsten Sinne des Wortes. Kein Erzieher, auf welchem Erziehungsgebiet er sich auch betätigen will, kein Erzieher sollte es unterlassen, darauf zu sehen, daß sein Sprechen sich dem Ideal eines künstlerischen Sprechens nähert. Man sollte fortwährend eigentlich darauf bedacht sein, die Sprache als solche zu kultivieren.

Das ist etwas, was aus dem Bewußtsein der Menschen so verschwunden ist, daß aus einer gewissen alten Gewohnheit an den Universitäten auch im Zeitalter des Intellektualismus immer noch Professoren der Eloquenz ernannt worden sind. *Curtius* in Berlin war Professor der Eloquenz, aber das konnte er nicht vortragen, weil jeder es als etwas Überflüssiges ansah, daß man über die Kunst des Redens an einer Hochschule etwas vortragen sollte. Da mußte er sein Amt mit etwas anderem ausfüllen als mit Vorträgen über Rhetorik und Eloquenz. Aber in seinem Diplom stand «Professor der Eloquenz», nur konnte er das nicht mehr vortragen, so war man herausgekommen aus der Schätzung des Sprachlichen. Nun wirklich, es hängt ja das ganz zusammen mit der immer mehr und mehr überhandnehmenden Unterschätzung des Künstlerischen überhaupt. Wir denken heute meistens, weil wir nichts anderes zu tun wissen, und dadurch haben wir so wenige Gedanken. Denn die Gedanken sind am allerschlechtesten, die im Stile des heutigen Denkens gedacht werden. Die sind die allerbesten, die, während der Mensch in irgendeiner Aktion ist, so recht aus dem Menschlichen heraus in ihm aufsteigen. Die Gedanken sind gut, die sich entwickeln, wenn wir sprachlich schön formulieren, wenn aus dem Sprechen schön formuliert zurückschlägt in uns der Gedanke. Dann lebt in unserem Denken aus dem Sprechen heraus etwas von dem Archangelos, und es ist mehr in uns, wenn wir das Sprechen hören können, als wenn wir das magere menschliche Denken noch so geistreich entwickeln. Aber das alles kann ja nur erreicht werden, wenn wir dahin kommen, gründlich – und der Erzieher und der Unterrichter sollte das vor allem können – das Wirklichkeitsfremde, ja das Weltfremde der heutigen Denkbildung zu empfinden. Wir haben es ja zu einer großartigen Wissenschaft gebracht; aber diese Wissenschaft hat nur leider das Eigentümliche, daß sie nichts weiß, und daß sie durch ihr Nichtwissen alles Lebendige aus der Menschheitskultur und Zivilisation heraustreibt. Wir brauchen deshalb keine Radikallinge zu werden, denn wir brauchen nicht wieder unbedacht solche Dinge in die Welt hinauszuschreien; aber wir brauchen das, daß wir aus diesem Bewußtsein heraus in der Schule wirken.

Es ist ja nach und nach nicht etwa bloß das Denken, es ist nach und nach alles in der Welt, was menschlicher Seeleninhalt ist, abstrakt geworden. Höchstens ist sich der Mensch bei seinen höheren Seelenfähigkeiten noch bewußt, daß sie Einfällen entstammen. Dann ist er besonders stolz darauf, wenn ihm etwas einfällt. Aber damit, daß der Mensch dasjenige, was vielleicht ein Kostbarstes in seiner Seele ist, als losgerissen empfindet vom Weltenall, dadurch wird er innerlich ganz wirklichkeitsfremd, trocken und tot. Unsere Musiker machen heute Musik, sie schreiben Harmonien und Melodien, weil es ihnen einfällt. Gewiß, sehr schön, wenn jemandem viel einfällt auf diesem Gebiete, aber warum fällt ihm das ein? Warum soll ihm jetzt, was weiß ich, aus dem Nichts heraus eine Melodie einfallen? Es ist weder ein menschlicher noch ein Weltengrund vorhanden, daß jemandem, der da und dort lebt und da und dort geboren ist, eine Melodie einfällt. Warum das? Es hat erst einen Sinn, wenn man im Erleben einer Melodie den Zusammenhang mit dem Kosmos hat, wenn man im Erleben einer Melodie den Zusammenhang mit dem Kosmos erlebt. Man braucht nicht ein Symboliker werden, aber man muß den Zusammenhang mit dem Kosmos erleben. Die Melodie muß eigentlich von dem Geist der Welt in uns gesprochen werden, dann hat sie einen Sinn, denn dann führt sie die Welt in ihrem Fortgang weiter.

Sehen Sie, man kann viel Ahrimanisches in der Welt erfahren; viel Ahrimanisches ist einfach durch die gesamte Weltentwickelung notwendig. Aber zu dem schrecklichsten Ahrimanischen gehört, wenn jemand eine Abhandlung schreiben muß, um Privatdozent zu werden; denn es gibt keinen Zusammenhang zwischen dem Schreiben der Abhandlung und dem Privatdozentwerden. Es ist ein durchaus äußerlicher, ganz verahrimanisierter Zusammenhang. Aber solche Dinge leben als etwas Ernsthaftes in unserer Zivilisation und dringen in das Erziehungswesen dadurch ein, daß das Erziehungswesen von oben her, das heißt, von den höchsten Unterrichtsanstalten beeinflußt wird, die im Grunde genommen ganz widersinnig eingerichtet sind. Dadurch, daß wir das aussprechen, ist das wenigste getan; wir machen uns dadurch nur unbeliebt und schaffen uns Gegner. Aber wenn wir hier wirken, sollen wir wissen, daß wir berufen sind, von anderen Gesichtspunkten aus zu wirken.

Heute wird der Mensch zum Beispiel irgendwo, wo vielleicht physiologische Ernährungskunde vorgetragen wird, hören: Die Kartoffel hat so und so viel Kohlenstoff, Sauerstoff und so weiter; Eiweiß hat so und so viel Kohlenstoff, Wasserstoff, Sauerstoff, Stickstoff; Fette so und so viel Stickstoff und so weiter; Salze, die der Mensch genießt, sind so und so aus den Elementen, die man heute chemische Elemente nennt, zusammengesetzt, und nun wird man berechnen, wieviel der Mensch an Kohlenstoff, an Sauerstoff und Stickstoff braucht. Wir finden heute, daß man dadurch zu einer Ernährungslehre kommt. Aber das ist gerade so, wie wenn einer wissen will, wie eine Uhr zustande kommt, was das Wesen einer Uhr ist, und er geht und erkundigt sich zunächst, oder er erwirbt sich eine Wissenschaft, wie das Gold zutage gefördert wird, bis zu dem Moment, wo das Gold dem Uhrmacher abgeliefert wird. Die Uhr hat ein Glas, er erkundigt sich, wie das Glas zustande kommt, er geht so weit, bis das Glas dem Uhrmacher geliefert wird. Da sind noch andere Partien der Uhr. Er geht darauf aus, alle diese Teile kennenzulernen, aber er kümmert sich just nicht darum, was der Uhrmacher damit macht. Er wird in aller Ewigkeit nichts wissen von der Uhr. Über das Glas, die Zeiger, die Uhrendeckel kann er sehr gut unterrichtet sein, aber von der Uhr weiß er gar nichts. Ebensoviel weiß ein Mensch von der menschlichen Ernährung, der weiß, daß die Fette aus den und den chemischen Elementen bestehen, die Kohlehydrate aus den und den chemischen Elementen und so weiter. Von der Ernährung weiß man erst etwas, wenn man in lebendiger Weise eingehen kann darauf, daß zum Beispiel bei der Kartoffel das, was man von ihr ißt, der Wurzel nahe verwandt ist, ein sogenannter Wurzelstock ist. Das ist etwas ganz anderes, wenn ich von einer Pflanze das Wurzelverwandte esse, als wenn ich bei einer anderen Pflanze, beim Roggen, beim Korn, im Mehl, das Samenhafte genieße. Nicht darauf kommt es an, wieviel Kohlehydrat im Korn und in der Kartoffel drinnen ist, sondern darauf kommt es an: wenn ich mir ein Nahrungsmittel zubereite aus dem Samenhaften, aus dem Korn, so wird dieses Nahrungsmittel verarbeitet in dem Gebiet des Menschen, das noch bis zu den Lymphgefäßen reicht, und es gelangt in einem Zustande in das Nerven-Sinnessystem, in dem es die Grundlage für das Denken abgeben kann. Genieße ich eine Kartoffel, das, was wurzelverwandt ist, so ist nicht der menschliche Verdauungstrakt, auch nicht der menschliche Lymphgefäßtrakt geeignet, die Kartoffel wirklich dahin zu bringen, daß sie im menschlichen Körper sein kann: dazu braucht man das Mittelhirn, und man legt dem Mittelhirn auf, das Verdauungsgeschäft zu besorgen, wenn man Kartoffel ißt. Man kann es entlasten, wenn man andere Nahrung zu sich nimmt. Übertreibt man die Kartoffelnahrung, dann legt man dem Mittelhirn die Verpflichtung auf, die Kartoffel erst zur Verdauung zu bringen. Das heißt, man untergräbt dem Menschen, dem man zuviel Kartoffelnahrung zumißt, dasjenige, was das Mittelhirn in bezug auf das Nerven-Sinnessystem tragen soll: die Gemütsdurchdringung der Gedanken; man schiebt das ganze Denken in das Vorderhirn, wo es intellektuell und zum Teil sogar animalisch wird.

Es handelt sich bei dieser Weise nicht darum, wie die Kartoffel besteht aus soviel Prozent Kohlehydraten, der Kohl aus soviel Prozent, der Roggensamen aus so und so viel Prozent, das alles ist im Grunde genommen für die Ernährungsphysiologie gleichgültig, was man wissen muß, ist, wie die Dinge im Menschen wirklich wirken; und wir haben die Aufgabe, wenn wir heute zu einem lebendigen Erfassen desjenigen kommen wollen, was man für den Menschen braucht, uns zu emanzipieren von dem, was nimmermehr eine wirkliche Erkenntnis des Menschen liefern kann. Man redet heute schon so über die Dinge der Natur, daß dieses Reden darüber eigentlich nicht nur irreführend ist, sondern direkt hineinführt ins Gedankenleere, ins Gefühlsleere.

Im Menschen, Sie wissen es alle, ist ein bekannter Prozeß der, daß sich der Kohlenstoff in ihm mit dem Sauerstoff verbindet, daß Kohlensäure entsteht, die ausgeatmet wird, eine Verbindung des Kohlenstoffes mit dem Sauerstoff. Ja, die Leute reden so davon, wie wenn das eine Verbrennung wäre, so wie sie draußen ist, wenn die Kerze verbrennt. Da tritt auch eine Verbindung des Kohlenstoffes mit dem Sauerstoff ein. Aber das ist ebenso gescheit, wie wenn man sagen würde: Ja, was braucht eigentlich der Mensch zwei lebende Lungen in seinem Brustkorb? Wir können ihm auch zwei Steine einsetzen. Unorganisches. Wozu braucht er eine lebende Lunge? – Wenn man einen äußeren Prozeß wie die Verbrennung in den Menschen hineindenkt, dann denkt man geradeso, wie wenn man die Lungen so betrachtet, wie wenn sie zwei Steine wären. Was draußen bei der Verbindung von Sauerstoff Verbrennung ist, das ist totes Verbrennen, ist unorganisches Verbrennen. Was im Menschen geschieht, ist lebendiges, ist durchseeltes Verbrennen. Jeder einzelne Prozeß, der in der Natur draußen geschieht, ist nicht so im Menschen, sondern ist anders, ist durchseelt, ist geistig. Was der Kohlenstoff mit dem Sauerstoff im menschlichen Organismus tut, das verhält sich so zu draußen, wie sich die lebendige Lunge zu zwei Steinen verhält. Es kommt weniger darauf an, daß man solche Dinge sich einmal überlegt, sondern daß man sein ganzes Fühlen so einrichtet, daß es darauf hinorientiert ist. Dann kommt man in allen Gebieten des Seelenlebens in ein solches Miterleben mit der Natur, daß man von der Natur wirklich zum Menschen kommt. Heute bleiben die Menschen bei der Natur draußen, sie kommen gar nicht zum Menschen.

Nun werden Sie immer bemerken, wenn Sie selber mit einer solchen Gesinnung mit den Kindern sprechen, verstehen die Kinder das Schwerste, so wie sie es ihrem Lebensalter gemäß verstehen sollen. Wenn Sie diese vermaledeiten Schulbücher zugrunde legen, die gang und gäbe sind, verstehen die Kinder in Wirklichkeit gar nichts. Man quält die Kinder und langweilt sie und fordert ihren Spott heraus. Dasjenige aber, was man tun muß, ist, in sich selber das Verhältnis zur Welt lebendig und zugleich wirklichkeitsgemäß zu machen. Das ist, was gerade der Lehrer, der Erzieher braucht. Ich möchte das einleitungsweise besonders scharf betonen, daß das wirklich so sein müßte, daß der Lehrer fortwährend darauf ausgeht, bei sich zu beleben, was im Zivilisationsprozeß tot geworden ist. So gehört es zu unserer Waldorfschul-

Erziehungsaufgabe, daß wir das Wissen in uns beleben, daß wir ein gehöriges Ekelgefühl vor der heutigen Darstellung in sogenannten wissenschaftlichen Büchern bekommen, und daß wir erst nach Überwindung dieses Ekelgefühls zu dem kommen sollen, was in Wirklichkeit in uns leben kann und was dann ganz gewiß lebendig auf die Kinder übergeht. Gerade in diesem Punkt müssen wir bei uns selber anfangen, müssen uns einmal bemühen, die Natur selbst in dieser Richtung anzuschauen. Dazu gehört heute ein gewisser Mut, weil vieles von dem, was wahr ist, heute einfach als verrückt angesehen wird. Man muß sich nicht abhalten lassen, diesen Mut zu entwickeln.

Sie sehen, wie ein Schmetterling ein Ei legt, eine Raupe herauskriecht, wie die Raupe sich einspinnt, den Kokon bildet zur Verpuppung, wie aus der Puppe der Schmetterling herausfliegt. Diese Dinge werden beschrieben, aber wie! Ohne ein Bewußtsein jenes wunderbaren Mysteriums, das da eigentlich zugrunde liegt. Der Schmetterling legt das Ei. Bei diesem Ei handelt es sich zunächst darum, daß es in der entsprechenden Jahreszeit gelegt wird, vor allem empfänglich wird für alles, was als Erdiges, als Festes oder Fest-Flüssiges im Naturzusammenhang wirkt. Salziges ist für die Eientwickelung das Allernotwendigste. Und dann kommt jene Zeit, in der außer dem Erdigen das Flüssige, und mit dem Flüssigen das Ätherische die Oberhand gewinnt. Flüssiges, das vom Ätherischen durchdrungen wird, geht über in die Bildung der Raupe, die aus dem Ei auskriecht. Wenn wir das Ei haben, denken wir vorzugsweise an die Erde mit dem Physischen. Wenn wir die Raupe auskriechen haben aus dem Ei, ihre Gestalt sehen – das ist dasjenige, was als Ätherdurchdrungenes, Flüssigkeits-, wässeriges Wesen eigentlich aus dem Ei herauszieht, und was die Raupe zur Raupe macht. Nun muß die Raupe ihr Wesen an der Luft entwickeln. Da ist das Wichtigste für die Raupe, daß sie nun in Zusammenhang mit dem Licht kommt, so daß sie eigentlich in der vom Licht durchdrungenen Luft lebt, damit aber zugleich eine innere Beziehung zu dem Astralischen erlebt, und mit dieser Beziehung zur Astralität das Licht aufnimmt. Das ist das Wesentliche an der Raupe, daß die Raupe durch ihr Sinnessystem dem Strahl der Sonne, der strahlenden Sonne mit ihrem Licht ausgesetzt ist. Und jetzt tritt bei der Raupe das ein, was

Sie am extremsten wahrnehmen, wenn Sie nachts im Zimmer liegen, das Licht noch brennend haben und die Motten dem Lichte zufliegen; da ist dieser Drang, sich aufzugeben, sich hinzugeben, dieser Drang, der an der Motte unerklärlich ist. Wir werden hören, warum. Die Motte stürzt sich in das Licht und verbrennt. Denselben Drang dem strahlenden Licht gegenüber haben die Raupen. Aber die Raupe ist so organisiert, daß sie sich nicht in die Sonne hineinwerfen kann. Die Motte kann sich in das Licht hineinwerfen. Die Raupe hat denselben Drang der Hingabe an das Licht, sie kann das nicht; die Sonne ist ja ziemlich weit. Sie entwickelt diesen Drang, sie geht aus sich heraus, sie geht in das strahlende Licht hinein, sie gibt sich selber hin, sie spinnt aus ihrem Körper die physische Materie in die Sonnenstrahlen hinein. Die Raupe opfert sich in die Sonnenstrahlen hinein, sie will aufgehen, sie will sich vernichten, aber alle Vernichtung ist Geburt. Sie spinnt bei Tag in der Richtung der Sonnenstrahlen an ihrer Hülle, an ihrer Puppenhülle; und wenn Sie bei Nacht ruht, da verfestigt sich das wieder, so daß rhythmisch aus Tag und Nacht diese Fäden gesponnen sind. Materialisiertes, gesponnenes Licht sind diese Fäden.

Aus den Fäden, die das Licht gebildet hat, die sie materialisiert, spinnt die Raupe ihre Puppenhülle, sie geht in ihm auf. Das Licht selber ist die Veranlassung, daß die Puppenhülle gesponnen wird. Die Raupe kann sich nicht hineinstürzen, aber sie gibt sich hin, schafft die Kammer, in der das Licht eingeschlossen ist. Von oben herunter wird an der Puppenhülle geschaffen aus den Formgesetzen der Urweisheit; herausgestaltet wird der Schmetterling, nachdem die Raupe zubereitet hat die abgeschlossene Kammer für das Licht. Da haben Sie den ganzen Vorgang vom Schmetterlingsei bis zum farbenschillernden Schmetterling, der aus dem Lichte herausgeboren ist, wie alle Farben aus dem Lichte herausgeboren sind. Der ganze Vorgang ist aus dem Kosmos herausgeboren.

Wird der Vorgang, der sich so in eine Viergliedrigkeit auseinanderlegt, Ei, Raupe, Puppe, Schmetterling, wird der Vorgang irgendwie zusammengeschoben, dann verändert sich das Ganze. Geht der Vorgang im Inneren des Animalischen vor sich, so bleibt das, was zuletzt als Wesen aus dem Licht geschaffen wird. Sehen Sie, hier kommen wir gar nicht anders in das Wesen der Sache hinein, als indem wir den Vorgang künstlerisch vorstellen. Es ist unmöglich, den Vorgang, der sich ergibt, wenn aus dem Puppenkokon heraus sich gestaltet der Schmetterling, aus dem Licht herausgeboren, es ist gar nicht möglich, sich den ganzen Vorgang anders vorzustellen als künstlerisch. Es ist ein wunderbar Künstlerisches, in das man da hineinkommt, wenn man sich den Vorgang wirklichkeitsgemäß, sachgemäß vorstellt. Man versuche nur einmal, was für ein ganz anderes Bewußtsein man bekommt, wenn man in dieser Weise etwas weiß. Ein ganz anderes Bewußtsein ist es, als wenn man in der heutigen äußerlichen Weise etwas weiß, was eigentlich ein Nichtwissen ist. Wenn man mit seinem ganzen Seelisch-Leiblichen zusammenwächst mit dem künstlerischen Schaffen des Kosmos, dann wird jedes einzelne interessant.

Sehen Sie sich die Kaulquappe an, die noch fischähnlich ist, ein durch Kiemen atmendes Wesen mit einer Art Fischschwänzchen zum Schwimmen. Das ganze Tier ist im wässerigen Element noch drinnen, im wässerig-irdischen Element drinnen. Jetzt entwickelt sich die Kaulquappe zum Frosch. Was geschieht denn da? Die Blutadern, die in die Kiemen hineingehen, die verkümmern, das ganze Blutnetz rundet sich nach innen. Es entsteht durch dieses Abrunden die Lunge. Es verkümmern die Blutgefäße, die zu diesem Fischschwänzchen hingehen, dagegen strecken sie sich zu richtigen Beinen aus, daß der Frosch dann auf dem Lande hüpfen kann. Dieses ganz wunderbare Umgestalten eines Blutnetzbildes, das erst ausfüllt Kiemen und Schwanz, dieses wunderbare, großartig künstlerische Umgestalten zu dem Blutnetz, das jetzt in Lunge und Gliedmaßen lebt, es ist ein ganz grandioser künstlerischer Vorgang. Wodurch ist er denn bewirkt? Das erste Blutnetz, das Kiemen-Schwanz-Blutnetz ist bewirkt von einem Erdig-Wässerigen, das zweite Blutnetz ist bewirkt von einem Luftartig-Wässerigen, das lichtdurchglänzt ist.

Sie lernen verstehen, wie die Elemente zusammenwirken, aber auf künstlerische Art zusammenwirken. Sie können gar nicht anders, dann, wenn Sie so übergehen zu dem Verstehen des Natürlichen, als daß Sie empfinden, wie wenn Sie schaffende Kräfte in sich hätten. Sie können eigentlich unmöglich so sein, wie die meisten Menschen sind, wenn sie die heutige Wissenschaft studieren. Diese sind ja eigentlich ganz unmenschlich. Sie können höchstens sitzen dabei, sie stützen den Kopf unglücklich auf ihre Hand und strengen das Gehirn an, und sie werden müde vom Studieren. Das alles ist ja Unnatur, das ist ein realer Unsinn. Das wäre ja gerade so, wie wenn wir vom Essen müde werden sollten. Das werden wir ja erst, wenn wir viel zu viel essen. Man kann doch von dem, was so zum Menschen gehört, wie das Zusammenleben von Natur, Geist und Seele, man kann doch von dem nicht müde werden. Wie viele Menschen habe ich kennengelernt, die haben studiert und Bücher geschrieben, und sie haben an Blutleere im Gehirn gelitten. Das ist doch wirklich so, wie wenn man von irgend etwas anderem, was im menschlichen Organismus vor sich gehen muß zum Leben, blutleer würde. Blutleere im Gehirn kann niemand bekommen, der in dieser Weise, wie ich es schildere, übergeht zum Wirklichkeitsgemäßen. Das ist etwas, was uns innerlich belebt, und das müssen wir vor allen Dingen als Lehrer und Erzieher haben. Wir müssen zum unmittelbaren Leben übergehen, und es muß alles in uns innerlich uns tragen, stützen, eben wirklich beleben, was wir erst in die Schule hineintragen wollen. Daher kann eigentlich kein wirklicher Unterricht langweilig werden. Ich möchte wirklich wissen, woher er langweilig werden sollte; da müßte dem Kinde Essen und Trinken auch langweilig werden. Das ist meistens nicht der Fall. Dazu muß das Kind krank sein. Wenn ein Unterricht langweilig ist, muß er krank sein, und eigentlich müßten wir uns in jedem Falle fragen, wenn wir es nicht mit einem psychopathischen Kind zu tun haben: Was haben wir eigentlich nicht in uns, wenn der Unterricht das Kind langweilt?

Auf diese Dinge kommt es an, und deshalb sollten wir eigentlich uns bewußt werden, daß wir keine Gelegenheit vorübergehen lassen sollen, uns geistig, seelisch, innerlich zu beleben, sonst können wir nicht unterrichten. Sonst können wir noch so viel Gescheites wissen, wir können nicht unterrichten; und das hängt damit zusammen, daß wir gerade auf diese Weise die Synthesis bewirken zwischen dem, was in der Weltentwickelung hintereinander getrennt war im Gymnasten, im Rhetor und im Doktor. Namentlich aber haben wir heute nötig, um uns ja nicht entgehen zu lassen die letzten Reste, die heute noch im

Sprachgenius leben und auf unsere ganze menschliche Wesenheit wirken können, daß wir versuchen, in die Sprache musikalisch und plastisch-malerisch hineinzukommen, so daß das, was in der Sprache zum Ausdruck kommt, wieder auf uns zurückwirkt. Wir dürfen uns das nicht entgehen lassen. Daher müssen wir es unbedingt als eine Forderung an uns selbst stellen, daß wir nicht schlampig reden in der Schule, sondern daß wir tatsächlich die Rede gestalten, so daß die Rede wirklich etwas Künstlerisches beim Lehrer und Erzieher gewinnen muß. Das ist natürlich eine gewisse Unbequemlichkeit, allein es ist etwas, was von einer ungeheuer großen Bedeutung ist. Sehen Sie, dann kann von der Schule, wenn dies beobachtet wird, eine Belebung, eine Erneuerung der Zivilisation ausgehen durch die Synthesis von Gymnast, Rhetor und Doktor. Dasjenige, was heute am schlimmsten in aller Erziehung wirkt, den Doktor, müssen wir überwinden; das Wissen, das gelehrte Wissen, das intellektuelle Wissen; denn wir können bei den Kindern doch nur dadurch etwas erreichen, daß wir Menschen sind, nicht dadurch, daß wir denken können.

Nun, das wollte ich Ihnen als Einleitung geben. Ich werde zu dem in den nächsten Stunden noch einiges hinzufügen, was alles für den Lehrer selbst in Betracht kommt, denn die Erziehungsfrage ist vielfach eine Lehrer- und Erzieherfrage.

ZWEITER VORTRAG

Stuttgart, 16. Oktober 1923

Ich versuchte Sie darauf hinzuweisen, wie es möglich ist, durch ein Durchdringen unseres Wissens mit Anthroposophie in ein lebendiges Seelenleben hineinzukommen. Wir brauchen dieses lebendige Seelenleben, gerade wenn wir die Kraft haben wollen für unseren Unterricht und unsere Erziehung. Ich möchte Ihnen jetzt von etwas sprechen, was wirklich im eminentesten Sinne ein pädagogisches Ziel hat, was aber eigentlich nichts anderes will, als durch eine besondere Art der Orientierung im pädagogischen Wirken Kräfte, innere Kräfte zu sammeln, um im pädagogischen Sinne das Herz anzufeuern.

Ich möchte dazu heute über die Frage sprechen: Mit welchen Kräften arbeiten wir denn eigentlich, wenn wir pädagogisch arbeiten? Es ist im Grunde genommen so, daß aus der heutigen Zeitbildung heraus diese Frage in einem irgendwie einschneidenden Sinne gar nicht beantwortet werden kann. Gewiß, wir können uns sagen, das äußere Leben, in dem die Menschen drinnenstehen, wenn sie erwerbsfähig werden, das fordert, daß diese Menschen etwas können, was sie als Kinder noch nicht können, und was wir ihnen beibringen müssen. Es fordert vielleicht auch die Haltung, die der Mensch als Erwachsener einnehmen muß, etwas, was das Kind sich nicht selber beibringen kann, was man ihm durch Erziehung beibringen muß. Aber die Beantwortung der Frage: Warum erziehen wir eigentlich? – bleibt der heutigen Bildung etwas ziemlich Äußerliches, schon aus dem Grunde äußerlich, weil ja heute der erwachsene Mensch nicht allzuviel in dem sieht, was er durch die Erziehung und den Unterricht geworden ist; er sieht nicht allzuviel darin. Er sieht nicht mit einer sehr tiefen Dankbarkeit zurück auf das, was er durch Unterricht und durch Erziehung geworden ist. Fragen Sie selbst Ihr Herz, ob diese Dankbarkeit immer lebendig ist. Gewiß, in einzelnen Fällen wird sie im Nachdenken da sein; aber im großen ganzen denken wir nicht mit einer tiefen Dankbarkeit an unsere eigene Erziehung, an unseren eigenen Unterricht, weil vor dem Menschengemüt nicht in voller Regsamkeit steht, was eigentlich Erziehen, was

Unterrichten heißt, welche Kräfte da in der Menschennatur eigentlich regsam gemacht werden. Daher ist es heute so schwer, pädagogischen Enthusiasmus in den Menschen zu erregen, und im Grunde sind alle unsere Methoden, alle noch so geistvoll durchgestalteten äußeren Methoden in der Pädagogik dafür nur von geringem Wert. Die Beantwortung der Frage: Wie macht man dies, wie macht man jenes? – ist doch nur von geringem Wert. Von größtem Wert aber ist es, daß der Mensch Enthusiasmus hat in seiner Tätigkeit, und diesen Enthusiasmus in seiner Tätigkeit auch voll entwickeln kann, wenn er Pädagoge sein soll. Dieser Enthusiasmus hat eine ansteckende Gewalt; und er ist es allein, der Wunder wirken kann in der Erziehung. Das Kind geht mit dem Enthusiasmus gerne mit, und wenn es nicht mitgeht, so ist das meistens ein Zeugnis dafür, daß dieser Enthusiasmus nicht vorhanden ist.

Nun möchte ich es als eine Art selbstverständliches Geheimnis aussprechen, daß ich, obwohl hier schon viel von Enthusiasmus gesprochen worden ist, trotzdem immer noch, wenn ich durch die Klassen gehe, bei der Lehrerschaft etwas von allerlei Bedrücktheit, von allerlei Schwere sehe. Die Schwere geht im Grunde genommen dennoch in vieler, vieler Beziehung durch die Klassenführung. Diese Schwere, die muß weg, und die Schwere kann sich auch ausdrücken in künstlichem Enthusiasmus. Der künstliche Enthusiasmus, der ist es auch nicht, der irgend etwas bewirken kann, sondern allein derjenige Enthusiasmus, der sich entzündet an unserem eigenen Darinnenstehen in der Sache, die wir bei der Klassenführung zu handhaben haben. Nun, sehen Sie, da ist es vor allen Dingen notwendig, daß Sie alle gründlich einsehen, wir brauchen hier als Lehrer wirklich ein eigenes Bewußtsein. Wir haben nötig, an der Ausbildung dieses unseres eigenen Bewußtseins zu arbeiten. Nun gewiß, diese Arbeit an dem eigenen Bewußtsein wird uns ungeheuer erschwert durch jene Rücksichten, die wir in der letzten Klasse zu nehmen gezwungen sind, auf die ganz unmöglichen Forderungen, die draußen gestellt werden an unsere Kinder, wenn diese zum Abiturientenexamen sich vorbereiten. Das legt sich wirklich wie Bleischwere auf die Führung unserer letzten Klassen. Wir dürfen aber doch nicht unser eigentliches Ziel aus den Augen verlieren, und dazu ist es notwendig, daß wir an diesem Bewußtsein arbeiten. Ich möchte sagen, an dem

Waldorfschul-Lehrerbewußtsein müssen wir arbeiten. Das können wir aber nur, meine lieben Freunde, wenn wir gerade auf dem Gebiete der Pädagogik zu einem wirklichen Erleben des Geistigen kommen. Ein solches Erleben des Geistigen ist der neueren Menschheit schwierig, und das sollten wir gründlich einsehen, daß das der neueren Menschheit schwierig ist. Wir sollten gründlich einsehen, daß wir wirklich etwas ganz Besonderes, etwas sonst in der Welt kaum Vorhandenes brauchen, um die Aufgabe der Waldorfschule wirklich bewältigen zu können. Wir sollten in aller Bescheidenheit, ohne Stolz, ohne Hochmut, uns dieser Besonderheit bewußt werden, aber wirklich tief innerlich, herzlich bewußt werden können, nicht bloß in dem Aussprechen einer Art von Phrase; innerlich, herzlich sollten wir uns dessen bewußt werden können. Das können wir aber nur, wenn wir ein klares Verständnis dafür haben, was in dieser Beziehung der Menschheit verlorengegangen ist; verloren erst in den letzten drei bis vier Jahrhunderten. Das müssen wir wieder finden.

Was verlorengegangen ist, das ist dieses, daß eigentlich der Mensch, wenn er aus seinem vorirdischen Dasein heraus in die Welt tritt, gegenüber den eigentlichen Wesenskräften des Menschen ein Wesen ist, das zu heilen ist. Dieses Verbinden des Erziehens mit dem Heilen des Menschen, das ist verlorengegangen. Gewiß, durch eine gewisse Zeit des Mittelalters hindurch war es radikal geglaubt worden, daß der Mensch eigentlich als Erdenmensch ein krankes Wesen ist, und daß man seine Gesundheit ihm erst wiederbringen muß, daß der Mensch eigentlich als heutiger Erdenmensch unter seinem Niveau steht und daß man real etwas zu tun hat, um den Menschen zum Menschen zu machen. Es wird dies sehr häufig nur zu formal aufgefaßt. Man redet davon, der Mensch muß entwickelt, muß auf ein höheres Niveau gebracht werden; aber man meint es abstrakt, nicht konkret. Konkret wird man es erst meinen, wenn man die Tätigkeit des Erziehens wirklich in Zusammenhang bringt mit der Tätigkeit des Heilens. Wenn man einen kranken Menschen vor sich hat und man heilt ihn, dann weiß man, daß man etwas getan hat: Macht man ihn gesund, dann hebt man ihn hinauf auf ein höheres Niveau, auf das Niveau des normalen Menschen. Es ist fast in allen alten Zeiten von denen, die Kundige waren in den Weltgeheimnissen, das Geborenwerden mit einem Erkranken als eins angesehen worden, weil der Mensch in der Tat, wenn er geboren wird, in einem gewissen Sinne unter sein Niveau herunterkommt, nicht das ist, was er im vorirdischen Leben war. Eigentlich ist es etwas durchaus Anormales gegenüber der höheren Menschennatur, daß der Mensch Ingredienzien seines Leibes in sich trägt, die er in einer gewissen Schwere tragen muß. Man wird heute gar nicht mehr als ein vernünftiger Mensch angesehen, wenn man etwa sagt: Gegenüber der höheren Menschennatur ist es etwas Krankhaftes, fortwährend mit den physischen Kräften des Leibes kämpfen zu müssen bis zum Tode. – Aber ohne solche radikalen Vorstellungen kommt man nicht hindurch zu der Realität dessen, was Erziehen heißt. Erziehen muß etwas haben vom Heilen. Um dieses einzusehen, möchte ich heute folgendes vor Ihre Seele stellen.

Der Mensch lebt eigentlich in viererlei Kräfteentfaltungen darin. Die eine ist diejenige, in der er tätig ist, wenn er geht, seine Beine bewegt und dadurch sich durch die ja allen bekannte pendelnde Bewegung der Beine vorwärtsbewegt, oder wenn er seine Beine benützt, um zu tanzen oder andere Bewegungen auszuführen. Es ist dies eine Bewegung, die in der äußeren physischen Raumeswelt verläuft, die auch durch Ortsveränderungen im Raume verbildlicht werden kann. Ebenso ist alle andere Beweglichkeit des Menschen, Beweglichkeit der Arme, Hände, des Kopfes, der Augenmuskeln und so weiter eigentlich etwas, was – wenn wir absehen von der inneren Tätigkeit des Menschen – so gezeichnet werden könnte, wie wir die Ortsveränderungen eines gewöhnlichen toten Körpers zeichnen. Das ist die eine Tätigkeit, in der der Mensch drinnen ist.

Die zweite ist diese, die der Mensch entfaltet, wenn er beginnt, das zu verarbeiten, was er an physischen Produkten in sich aufnimmt, im weitesten Umfange alles, was zur Ernährungstätigkeit gehört. Während wir in den Gliedmaßen des Menschen die Vermittler haben für dasjenige, was der Mensch eben mit den physisch ihren Ort verändernden Wesen gemein hat, haben wir als eine in gewissem Sinne andere Betätigung, daß der Mensch genötigt ist, fortzusetzen, was in der Betätigung der äußeren Gegenstände liegt, die der Mensch als Nahrung aufnimmt. Nehmen Sie etwa ein Stück Zucker in den Mund, es zergeht. Das ist eine Fortsetzung dessen, was der Zucker außen tut. Er ist hart, von weißer Farbe. Sie lösen ihn auf, er wird flüssig, schleimig, er wird dann weiter verändert – der Chemiker sagt: chemisch verändert, aber das hat hier keinen Sinn –, er wird immer weiter und weiter verändert. Der Zucker wird am intensivsten im ganzen Organismus verarbeitet und aufgenommen. Da haben Sie eine zweite Art der Tätigkeit. Die setzt sich fort bis zum rhythmischen System, das übernimmt die Tätigkeit des Verdauungssystemes. Aber, was da als zweite Tätigkeit des Menschen geschieht, das ist schon sehr verschieden von der menschlichen Tätigkeit in bezug auf das Bewegen der Gliedmaßen oder überhaupt auf das Bewegen des ganzen menschlichen Körpers in der Außenwelt. Die Ernährungstätigkeit ist eine ganz andere als diejenige, die wir verrichten, wenn wir uns äußerlich bewegen oder, sagen wir, ein Gewicht heben. Diese Tätigkeit der Ernährung kann gar nicht vor sich gehen, ohne daß in jedem einzelnen Teil dieser Ernährungstätigkeit das astralische Wesen des Menschen eingreift. Das astralische Wesen des Menschen muß jeden einzelnen Prozeß durchdringen, der sich als Ernährung abspielt. Bei der Tätigkeit, die ich zuerst geschildert habe, bei der Tätigkeit des Gehens, Greifens und so weiter, da haben wir es im wesentlichen damit zu tun, daß dieselben Kräfte von dem Menschen benützt werden, die wir auch physikalisch konstatieren, nur daß der Mensch den ätherischen Organismus in Bewegung setzt und durch dessen Vermittlung das zustande kommt, was wir als eine Hebelbewegung beim Greifen oder Gehen konstatieren. Wenn wir die Geh-, die Greiftätigkeit ins Auge fassen, brauchen wir nur das, was wir in der physischen Welt haben als eingespannt in die Ätherwirkung, zu berücksichtigen, dann haben wir das, was im Menschen geschieht. Das haben wir aber niemals, wenn wir die Ernährungstätigkeit ins Auge fassen. Die kann nur zustande kommen, wenn der Astralleib in die Prozesse eingreift, die wir sonst in der Retorte haben. Da müssen vor allem die astralischen Kräfte wirken; und was da am wenigsten berücksichtigt wird, das ist, daß da nicht mehr die physischen Kräfte mitspielen dürfen. Das ist außerordentlich interessant, weil man immer glaubt, daß zum Beispiel bei der Ernährung die physischen Kräfte mitspielen. Sobald der Mensch nicht mehr in Beziehung zur Außenwelt ist, hören die physischen Kräfte auf, ihre Bedeutung zu haben. Sie sind nicht mehr tätig, nicht mehr wirksam. In der Ernährungstätigkeit haben wir eine Verarbeitung der physischen Substanzen mit Astralischem und Ätherischem. Das, was ein Stück Schwefel oder ein Stück Salz als physische Wirkung außerhalb des Körpers haben, das hat innerhalb des Körpers keine Bedeutung; nur das, was es astralisch als Bedeutung hat, das wird vom Astralischen erfaßt, und dann ist das Ätherisch-Astralische das eigentlich Tätige in der Ernährung.

Gehen wir weiter jetzt, dann kommen wir zu den Tätigkeiten, die im Rhythmischen sich abspielen, im Blutrhythmus, im Atmungsrhythmus. Sie sind ähnlich in bezug auf die innere Konstitution den Kräften, die sich abspielen im Ernährungssystem. Sie spielen sich ab durch das Zusammenwirken des Ätherischen mit dem Astralischen, nur daß bei der Verdauungstätigkeit das Astralische in einer gewissen Beziehung noch schwächer ist als das Ätherische, und bei der rhythmischen Tätigkeit das Astralische stärker wird als das Ätherische. Das Ätherische tritt mehr in den Hintergrund bei dem Tätigsein im rhythmischen System; aber eigentlich nur das Ätherische, das im Menschen ist, während bei der Tätigkeit, die im rhythmischen System des Menschen ausgeübt wird, das Ätherische außerhalb des Menschen wieder anfängt mitzuwirken, so daß man eigentlich bei der Atmungstätigkeit hat: die Kraft des inneren menschlichen Ätherleibes, die Kraft des äußeren Äthers der Welt und die astralische Tätigkeit des Menschen. Das hat man zum Beispiel in der Atmungstätigkeit. Nun stellen Sie sich einmal vor, wir studieren gerade dieses Gebiet, wir studieren, was da eigentlich vor sich geht, wenn der Mensch atmet. Die physische Tätigkeit von Kohlenstoff und Sauerstoff und so weiter wird vollständig unterdrückt, aber eine große Rolle spielt das Verhältnis von ätherischem Äußerem und ätherischem Innerem und Astralischem. Das spielt eine große Rolle. Das sind aber die Kräfte, die man kennen muß für irgendeine Substanz, wenn man von der heilenden Wirkung der Substanz reden will. Man kommt nicht darauf, inwiefern eine Substanz ein Heilmittel ist, wenn man nicht weiß, wie die Substanz, in den Körper hineingebracht, ergriffen wird von diesen drei Kräftesystemen. Die ganze Therapie in der Medizin beruht darauf, daß man diese drei Kräfte in bezug auf die Substanzen kennt. Das ist überhaupt Therapie: die heilende Wirkung im äußeren und inneren Äther und im Astralischen zu kennen. Was heißt es zum Beispiel, wenn man Antimon als Heilmittel verwendet? Das heißt nichts anderes als: Wenn man das Antimon in irgendeiner Zubereitung in den Körper hineinbringt, wird es von den inneren Ätherkräften in einer gewissen Weise ergriffen, von den äußeren, die durch die Atmung hineinkommen, und von den astralischen Kräften im Menschen. Das heißt wissen, inwiefern das Antimon ein Heilmittel ist, wenn man diese drei Kräftesysteme in ihrer Wirkung auf irgendeine Substanz im Inneren des Mensch kennt.

Indem wir zur rhythmischen Tätigkeit aufsteigen, kommen wir also dazu, eine viel feinere Art des Geschehens kennenzulernen, als zum Beispiel noch in der Ernährungstätigkeit vorhanden ist. An diese rhythmische Tätigkeit müssen wir im wesentlichen appellieren, wenn wir die Heilwirkungen kennenlernen wollen. Kein Mensch, der nicht weiß, wie irgendeine Substanz auf den Atmungs- oder Zirkulationsrhythmus wirkt, kann davon sprechen, inwiefern diese Substanz ein Heilmittel ist.

Nun ist aber das Eigentümliche, während der Arzt die therapeutischen Kräfte im unterbewußten, im rhythmischen System der Blutzirkulation oder der Atmung in Wirksamkeit bringt, müssen wir als Lehrer oder Erzieher die nächsthöhere Stufe in Wirksamkeit bringen: das, was zusammenhängt mit der Betätigung in den Nerven, in den Sinnen. Das ist die nächste Metamorphose der Heilmittel. Was wir als Lehrer und Erzieher tun, heißt für den physischen Menschen, mit den Substanzen, die er aufnimmt, so zu hantieren, daß sie nun unterworfen sind der ätherischen Tätigkeit und der äußeren physischen Tätigkeit – im Wahrnehmen nämlich, wenn wahrgenommen, aufgefaßt wird –, und der inneren physischen Tätigkeit, das heißt dem, was im Menschen an innerer Ortsveränderung mechanisch bewirkt wird dadurch, daß er sich bewegt. Haben wir in dem Heilmittel drinnenstecken das äußere und innere Ätherische und das Astralische, so haben wir in den pädagogischen Wirkungen drinnen äußeres Physisches, Gymnastik, und inneres Physisches. Denn wenn der Mensch den Kopf neigt, wird sein ganzes dynamisches System eigentlich verändert, der Schwerpunkt rückt herüber und so weiter. Äußeres Physisches haben wir in der größten Verfeinerung, wenn wir Lichteinwirkungen auf das Auge kennenlernen. Äußeres Physisches, nichts anderes als äußeres Physisches ist es auch, wenn wir irgendeinen Druck auf ein Tastorgan nehmen. Wir haben also: Äußeres Physisches, inneres Physisches, das heißt physische Veränderungen im Nervensystem, Abbau im Nervensystem, richtige physische Prozesse, wie sie eigentlich nur im Menschen im Nervensystem vorhanden sind, und ätherische Tätigkeit. Mit diesen drei Systemen haben wir es im wesentlichen zu tun, wenn wir als Erzieher das Kind behandeln; es ist die höhere Metamorphose dessen, was wir im Heilen tun. Welche Betätigung gibt es im Menschen? Die gehende, greifende Bewegung, die Bewegung der Gliedmaßen, äußere Raumveränderung; die ernährende Tätigkeit – ich habe Ihnen gezeigt, was dabei mitwirkt –, die rhythmische Tätigkeit, die aber durch und durch eine heilende Tätigkeit ist, und die wahrnehmende Tätigkeit, wenn wir sie von außen ansehen. Die erziehende, unterrichtende Tätigkeit, sie ist, von innen angesehen, durchaus eine wahrnehmende Tätigkeit. Jetzt werden Sie tiefer in die menschliche Natur hineinsehen. Sie werden sich sagen können, wenn im rhythmischen System eigentlich diejenigen Faktoren wirksam sind, welche die Heilfaktoren sind, dann ist ja im Menschen fortwährend ein Arzt. Das ganze rhythmische System ist ein Arzt. Ein Arzt muß aber etwas heilen, und wenn etwas geheilt werden soll, muß etwas krank sein. Dann ist aber Gehen, Greifen, Ernähren ein fortwährendes Kranksein und Atmung und Blutzirkulation ein fortwährendes Heilen. Das ist es auch. Man sieht nur in der heutigen Wissenschaft, wo man alles über einen Leisten schlägt, nicht ein, daß der Mensch fortwährend krank wird. Namentlich Essen und Trinken ist etwas, was uns fortwährend krank macht. Wir können es auch gar nicht vermeiden, uns fortwährend durch Essen und Trinken an unserer Gesundheit zu schädigen. Derjenige, der es im Überfluß tut, schadet sich nur zuviel; aber einen geringen Grad des Schadens fügen wir uns immer zu. Wir heilen fortwährend unser Krankwerden von dem rhythmischen System aus. Das menschliche Leben auf der Erde ist ein Krankwerden und fortwährendes Heilen. Dieses Krankwerden ist aber ein wirkliches physisches Krankwerden. Aber dasjenige, was der Mensch im Verkehr mit der Außenwelt tut, was die Fortsetzung seines Gehens und Greifens ist, ist ein noch intensiveres, weniger bemerktes Krankwerden, und dem müssen wir entgegenwirken durch den höheren Heilungsprozeß, durch den Erziehungsprozeß, der die Metamorphose des Heilens ist. Erziehungskräfte sind die Metamorphose der Arzteskräfte, sind die umgewandelten Arzteskräfte. Daher muß eigentlich all unser erzieherisches Denken wirklich darauf hinauslaufen, daß wir auch dieses Denken so umbilden, wie das Denken sich umbilden muß, wenn es fruchtbar aus dem physischen Denken in das Denken des Geistigen aufsteigt. Im physischen Denken haben wir ja die zwei Kategorien, die in allen denen, die dem Doktorenzeitalter angehören, jenen so furchtbar wirkenden, trockensten Enthusiasmus verursachen, die beiden Begriffe und Ideen: Richtig-Unrichtig, Wahr-Falsch. Wahr und Falsch ist höchstes Ideal derjenigen, die im Doktorenzeitalter mit ihrem ganzen Leben in die Welt sich hineingestellt haben. Aber es ist eigentlich so furchtbar wenig Realität in diesem Wahr und Falsch. Es ist etwas Formales. Man stellt das fest durch bloße Logik, die eigentlich nur zusammenstellt und auflöst. Ein furchtbar Trockenes, Nüchternes und Formales ist dieses Wahr und Falsch. In dem Augenblick, wo wir uns aufschwingen zu den Wahrheiten der geistigen Welt, können wir nicht mehr von Wahr und Falsch reden, da wird Wahr und Falsch eben ein solcher Unsinn, wie wenn irgendeiner sagen würde: Täglich Wein trinken in einem solchen Maße ist falsch. – Man meint damit etwas formal Äußerliches, wenn man sagt: falsch. Man sagt erst etwas Reales, wenn man nachweist, daß es krankmachend ist. Richtig oder Unrichtig ist etwas Äußerliches, Formales, wenn es sich auf Physisches bezieht. Wir müssen in der Tat bei allem, was die geistige Welt betrifft, dieses Wahr und Falsch ablegen. Wir müssen darauf kommen, diese Begriffe Wahr und Falsch zu ersetzen, sobald wir in die geistige Welt hinaufkommen, durch Gesund und Krank, so daß eigentlich wirklich bei einem solchen Vortrag, wie ich ihn gestern abend hier gehalten habe, das gar nichts sagt, wenn mir einer sagt, das ist richtig. Richtig sind die Dinge in der physischen Welt; in der geistgen Welt ist nichts falsch oder richtig, da sind die Dinge Realität. Ist denn ein Buckliger richtig oder falsch? Man kann da nicht mehr von richtig oder unrichtig reden. Es kann eine Zeichnung falsch oder richtig sein, aber es kann doch nicht ein Pflanze richtig oder unrichtig sein, sondern gesund oder krank kann sie sein. Und so sind die Dinge für die geistige Welt: gesund oder krank, fruchtbar oder unfruchtbar. Realität muß sein in dem, was man tut. Wenn jemand einen solchen Vortrag, wie ich ihn gestern gehalten habe, für gesund hält, trifft er das Richtige, wenn er ihn bloß für richtig hält, zeigt er nur, daß er sich nicht auf das Niveau hinaufschwingen kann, wo die Realität liegt. Um Gesund oder Krank handelt es sich da, wo wir überhaupt geistige, spirituelle Wahrheiten in Anspruch nehmen. Das müssen wir gerade lernen in bezug auf das pädagogische Wirken. Wir müssen uns aneignen, irgend etwas durch die Art, wie wir drinnenstehen, als gesund in der pädagogischen Anwendung zu halten oder als krank oder kränkend. Das ist von besonderer Bedeutung, wenn man ein richtiges Bewußtsein von sich als Pädagoge erzeugen will. Man könnte geradezu sagen, es beginnt die Erziehung des richtigen Bewußtseins damit, daß man übergeht von dem logischen Wahr und Falsch zu dem realen Gesund oder Krank. Dann ist man aber schon sehr stark an die Auffassung des Heilprinzips herangelangt. Man kann sich das ganz im einzelnen konkret durchbilden; aber man muß in der Tat sich dann etwas anregen lassen von einer umfassenden Menschenerkenntnis, namentlich von einer Erkenntnis des Menschen im Verhältnis zur umgebenden Welt.

Wenn wir zum Beispiel den menschlichen Atmungsvorgang beschreiben nach der heutigen Wissenschaft, so wird auf das Wesentliche, auf das eigentlich Menschliche dabei kein besonderer Wert gelegt. Man sagt, die Luft besteht aus Sauerstoff und Stickstoff – wir wollen die anderen Bestandteile weglassen. Der Mensch atmet den Sauerstoff ein, es kommt auch etwas Stickstoff in ihn. Er atmet dann wieder Sauerstoff, an den Kohlenstoff gebunden, aus, er atmet auch wieder etwas Stickstoff aus. Man mißt die Prozente, beschreibt es und glaubt damit den Vorgang im wesentlichen beschrieben zu haben. Aber an das eigentliche Menschliche kommt man im Grunde genommen wenig heran. Denn das eigentliche Menschliche geht einem dann auf, wenn man über folgende Frage nachdenkt: Es gibt einen bestimmten Prozentsatz Stickstoff in der Luft, der gut sein soll für das Atmen, und einen bestimmten Prozentsatz Sauerstoff. Nehmen wir an, der Mensch ist in eine Luft versetzt, die weniger Stickstoff enthält als den normalen Prozentgehalt, eine stickstoffarme Luft. Lassen Sie den Menschen in einer stickstoffarmen Luft atmen, die Luft wird allmählich durch das menschliche Atmen stickstoffreicher. Der Mensch atmet aus seinem Leibe heraus Stickstoff, den er sonst nicht ausatmen würde, um die Luft in seiner Umgebung in ihrem Stickstoffgehalt zu korrigieren. Ich weiß nicht, ob das heute berücksichtigt wird in den Physiologien. Ich habe gerade darauf häufig hingewiesen, daß der Mensch in einer stickstoffarmen Luft diese korrigiert; und er nimmt lieber aus seinen eigenen organischen Substanzen den Stickstoff heraus, entzieht ihn diesen, um die Luft äußerlich zum normalen Stickstoffgehalt zu bringen. Und so macht er es auch mit dem normalen Sauerstoffgehalt. Der Mensch hat ein so inniges Verhältnis zur Umgebung, daß in dem Moment, wo die Umgebung nicht so ist, wie sie sein soll, er sie korrigiert, er sie verbessert. So daß wir sagen können, der Mensch ist wirklich so geartet, daß er nicht nur für sich etwas in bezug auf Stickstoff und Sauerstoff in der äußeren Natur verlangt, sondern daß er Stickstoff und Sauerstoff in seiner Umgebung nicht nur ebenso notwendig, sondern sogar noch viel notwendiger in einem gewissen Prozentsatz haben muß als in sich selber. Dem Menschen ist seine Umgebung für seine unterbewußten Kräfte wichtiger als die Zusammensetzung seines eigenen Leibes. Das ist das unglaublich Interessante, daß er durch seine Instinktkräfte für seine Umgebung viel mehr Interesse hat wie für die Zusammensetzung seines eigenen Leibes. Das ist etwas, das unmittelbar, wenn man vernünftig experimentiert, experimentell betstätigt werden kann. Man muß nur die Experimente auf diesem Gebiet anstellen. Wenn unsere Forschungsinstitute von Problem zu Problem eilen würden – oh, es wäre furchtbar viel zu tun! Die Probleme liegen nur so da, sind auch pädagogisch ungeheuer wichtig. Denn jetzt erst können wir fragen, warum der Mensch eine bestimmte Stickstoff- und eine bestimmte Sauerstoffumgebung braucht. Wir wissen ja, wenn der Mensch seine innere Ernährungs- oder überhaupt Gestaltungstätigkeit entfaltet, da bilden sich allerlei Substanzzusammenhänge, die dann, wenn der Mensch zur Leiche wird, in einer bestimmten Weise sich darstellen. In dieser toten Form wird die Sache allein heute untersucht. Nun ist das Eigentümliche: In der Sphäre des Menschen, die einen Teil der rhythmischen Tätigkeit und einen Teil der Stoffwechsel-Gliedmaßentätigkeit umfaßt, in der Sphäre ist vorzugsweise die Neigung da, eine Tätigkeit zu entfalten zwischen Kohlenstoff und Stickstoff; und in der Sphäre, die sich von der rhythmischen hinauf zur Nerven-Sinnestätigkeit erstreckt, ist vorzugsweise die Neigung da, eine Tätigkeit zu entfalten zwischen Kohlenstoff und Sauerstoff. Und es ist schon interessant, wenn man mit einer durch trockene Gelehrsamkeit unverbrauchten Seelenverfassung etwa prickelndes Selterswasser sich anschaut, wo die Kohlensäure im Flüssigen durch wechselnde Tätigkeit von Kohlenstoff und Sauerstoff auftritt, wenn man dieses Prickeln anschaut, hat man unmittelbar imaginativ eine Anschauung von dem, was im Verlauf der rhythmischen Atmungstätigkeit von dem Lungensystem gegen den Kopf zu sich vollzieht. Was Sie im kohlensäurehaltigen Wasser moussieren, prickeln finden, das muß da in intimer, feiner Weise nach dem menschlichen Kopf hinaufspielen. So daß jemand, der vor einer Kohlensäurequelle steht, eigentlich sagen müßte: Diese Tätigkeit der aufsteigenden Kohlensäure ist eigentlich zum Verwechseln ähnlich, nur gröber, einer fortwährenden, intimen Tätigkeit, die von der Lunge zum menschlichen Kopf hinaufspielt. Da muß immer etwas angefeuert werden durch eine feine, intime Kohlensäure-Wassertätigkeit, sonst wird der Mensch dumm oder dumpf. Wenn wir versäumen, dem Menschen dieses Moussierende eines Kohlensäure-Wäßrigen nach dem Kopf hinaufzubringen, dann zeigt in seinem Inneren der Kohlenstoff plötzlich eine Neigung zum Wasserstoff statt zum Sauerstoff. Und dann geht der zum Gehirn hinauf, und das gibt Sumpfgas, das Sie ja auch aus gewissen unterirdischen Gewölben kennen, und dann wird der Mensch dumpf, schläfrig, verstockt.

Ja, diese Dinge treten einem erst entgegen als innere, man möchte jetzt sagen physische Tätigkeiten, nur sind sie keine physischen; denn die Erzeugung von Sumpfgas oder Kohlensäuregas wird in diesem Falle ein inneres geistiges Leben. Wir kommen da nicht in den Materialismus hinein, sondern in das feine Weben des Geistigen in der Materie.

Nun, wenn wir etwa in den Sprachen viel Vokabeln lernen lassen, wenn wir so das Kind durch dieses Auswendiglernen hindurchführen durch ein unbewußtes Mechanisches, dann ist das ein Prozeß, der nach der Sumpfgasentwickelung im Kopf zu hingeht. Wenn wir dem Kind durch möglichst lebendige Bilder beikommen, wirkt das so, daß das Atmungssystem die Kohlensäure nach dem Kopf hin moussieren läßt. Also wir kommen tatsächlich in etwas hinein, was gesundend oder kränkend ist. Wir merken an einer solchen Sache, wie wir eine höhere Metamorphose der heilenden Kräfte in Anspruch nehmen müssen; und es ist im höchsten Grade enthusiasmierend, in diese geheimen Verhältnisse des menschlichen Organismus hineinzuschauen. Man weiß dann erst, was für ein merkwürdiges Kellergewölbe der Kopf ist, den man ausfüllt entweder mit Sumpfgas oder Kohlensäure. Man fühlt sich an den tieferen Triebrädern des Seins.

Wir werden im folgenden Vortrag eine andere Tätigkeit kennenlernen, mit der diese Tätigkeit in ein Gleichgewicht gebracht werden muß. Das kann aber nur geschehen, wenn wir auf der einen Seite im musikalischen Gebiet richtig unterrichten und auf der anderen Seite richtig unterrichten in dem, was auf äußerer Anschauung und nicht auf musikalischem Gebiet beruht. Aber aus diesem setzt sich fortwährend unser Unterricht zusammen. Da ergibt sich das Interesse an dem Menschenobjekt, das wir vor uns haben. Aber es reiht sich etwas anderes daran an: das Verantwortungsgefühl. Der Waldorflehrer müßte in sein Bewußtsein etwas hineinbringen, indem er in aller Bescheidenheit sich sagt: Heute wird eigentlich erzogen, indem man die Leute losschickt in der Erziehung, ganz so, als wenn man einen Stockblinden losließe und ihn mit Farben malen ließe. Niemand weiß, was geschieht in der Erziehung. Kein Wunder dann, daß der Blinde auch keinen besonderen Enthusiasmus aufbringen wird für das Malen mit Farben. Kein Wunder, daß kein Erziehungsenthusiasmus in der Welt ist. Aber in dem Augenblick, wo wir uns so hineinversetzen in die Erziehung – es ist immer nur etwas anders gesagt, durch unsere ganze Erziehung wird diese Anregung gegeben –, dann steht man mit dem richtigen Enthusiasmus darin, denn man fühlt sich an den Triebrädern der Welt. Dann aber mit dem richtigen Verantwortungsgefühl. Man weiß, daß man gesund und krank machen kann. Dieser Enthusiasmus und auf der anderen Seite das Verantwortungsgefühl, die müssen herauskommen!

DRITTER VORTRAG

Stuttgart, 16. Oktober 1923

Was ich Ihnen in diesen Tagen geben will, soll im wesentlichen eine Anregung zur innerlichen Durchdringung des Lehr- und Erzieherberufes sein, und da möchte ich – anknüpfend an das heute nachmittag Gesagte – das Folgende vor Sie hinstellen. Sehen Sie, wir müssen die Menschenerkenntnis so weit treiben, daß wir wirklich im einzelnen wissen können, was mit dem Menschen geschieht, wenn er sich in der Welt umtut. Ich habe Ihnen gesagt, die erste Tätigkeit, die wir am Menschen wahrnehmen, ist die, wenn er seine Gliedmaßen bewegt. Nun müssen wir die Frage aufwerfen: Was bewegt denn eigentlich die Gliedmaßen? Was ist das Tätige, wenn zum Beispiel der Mensch geht, oder wenn der Mensch mit seinen Armen irgend etwas verrichtet? Was ist das Tätige dabei? Nicht wahr, die materialistische Anschauung wird einfach sagen: Der Mensch selbst ist das – und wird dabei denken an das im Menschen, woran eben die materialistische Anschauung denken kann. Dieses Stück Kosmos aus Blut, Knochen und so weiter, das man als den Menschen beschreibt, das bewegt die Glieder! Das ist der eigentliche Akteur! Aber das hat im Grunde genommen gar keinen Sinn; denn das ist das Objekt der Bewegung, das ist dasjenige, was bewegt wird. Und wenn wir fragen: Wer ist das eigentliche Subjekt dabei, wer bewegt das Bein, den Arm? –, dann kommen wir nicht auf Materielles, dann kommen wir gerade auf Geistiges. Dann kommen wir dazu, uns zu sagen: Es muß das Geistige selbst physische Kräfte, Kräfte, die wir sonst als physische Kräfte bezeichnen, in Aktion bringen. Es muß unser Bein geradeso durch ein Geistiges bewegt werden können, wie durch uns, sagen wir ein Stück Holz, das wir von einem Ort zum anderen legen, bewegt wird.

Aber da kommen wir auf etwas ganz Merkwürdiges, das eigentlich gewöhnlich nicht bedacht wird, weil darüber eine große Illusion herrscht. Unsere menschliche Bewegung ist eigentlich eine magische Wirkung, die darin besteht, daß durch den Geist etwas in Bewegung gesetzt wird. Tatsächlich ist unsere Bewegung als Mensch eine magische

Wirkung, und wir sehen den Menschen ganz und gar nicht richtig an, wenn wir ihn als bewegten Menschen nicht auf magische Art bewegt denken. Es muß der Wille, ein rein Geistiges, eingreifen in die physische Aktivität. Das sind magische Wirkungen. Wenn Sie gehen, wirkt der innere Magier, der ist etwas ganz Wesentliches. Wie kommt das zustande? Dadurch, daß wir physische Menschen sind aus Knochen, Blut und so weiter, sind wir noch kein bewegter Mensch, dadurch könnten wir höchstens ein ruhender, ein ewig im Bette liegender Mensch sein; aber wir könnten kein bewegter Mensch sein. Denn da muß der Wille unmittelbar tätig sein. Die materialistische Wissenschaft macht es sich leicht, wenn sie die Theorie aufstellt: das sind die motorischen Nerven und so weiter. Das ist Unsinn. In Wirklichkeit liegt hier in der menschlichen Bewegung eine magische Wirkung vor, ein unmittelbares Eingreifen des Geistes in die körperlichen Bewegungen. Wie ist das möglich? Das wird auf folgende Weise herbeigeführt.

Ich habe schon heute Nachmittag angedeutet: Wenn der Mensch lebt vom rhythmischen System hin zum Gliedmaßen-Stoffwechselsystem, dann erweist dasjenige, was aus dem Kohlenstoff wird, seine Verwandtschaft mit dem, was aus dem Stickstoff wird, und es entsteht fortwährend die Tendenz, in der menschlichen Wesenheit nach unten hin Verbindungen zu schaffen von Kohlenstoff und Stickstoff. Diese Tendenz besteht. Man wird früher auch den Verdauungsprozeß selbst und namentlich den Ausscheidungsprozeß nicht durchsichtig bekommen, wenn man nicht die Tendenz der Verbindung des Kohlenstoffes mit dem Stickstoff ins Auge faßt. Diese Tendenz zur Verbindung von Kohlenstoff und Stickstoff führt zuletzt zur Bildung von Zyansäure, und tatsächlich besteht im Menschen nach unten fortwährend die Tendenz, Zyansäure zu erzeugen oder zyansaure Salze zu erzeugen. Wir haben nicht einmal einen ordentlichen Ausdruck für das, was da entsteht. – Was da entsteht, wird nur so weit getrieben, daß es gerade bis zu dem Punkt kommt, anzufangen zu entstehen, dann wird es, durch die Absonderungen der Galle namentlich, sofort aufgehoben. So daß wir nach unten gehend im Menschen eine Tendenz haben, Zyanverbindungen zu schaffen, die im Status nascendi aufgehoben werden durch die Gallenabsonderungen. Nun bedeutet aber Zyanverbindungen im Menschen schaffen, den Menschen zerstören. Es ist die schnellste Methode, wodurch man die Menschengestalt zerstören kann, wenn man sie mit Zyan durchdringt. Diese Tendenz besteht namentlich nach dem Gliedmaßen-Stoffwechselsystem hin. Fortwährend will der menschliche Organismus Zyanverbindungen schaffen, die gleich wieder zerstört werden. Aber in diesem Moment zwischen dem Entstehen und dem sogleich Aufgelöstwerden der Zyansäureverbindungen ergreift der Wille das Muskelsystem. – Im Paralysieren dieses Prozesses liegt die Möglichkeit für den Willen, einzugreifen, so daß der Mensch sich bewegen kann. Es liegt fortwährend im Menschen nach unten gehend die Tendenz, die organische Substanz zu zerstören durch eine Vergiftung. Sie ist fortwährend im Anfang und wir könnten uns nicht bewegen, wir könnten nicht zum Freiwerden des Willens gelangen, wenn wir nicht fortwährend die Tendenz hätten, uns zu zerstören. So daß wir, wenn wir es grotesk ausdrücken wollen, nach unten hin fortwährend die Tendenz haben, uns zum Gespenst zu machen und uns dadurch auf magische Weise bewegen. Wir dürfen nicht auf den physischen Körper schauen beim Herumgehen des Menschen, sondern auf seinen Willen, auf das Hervorrufen von räumlichen Bewegungen auf rein magische Weise.

So sehen Sie, daß wir eigentlich jedesmal, wenn wir den Menschen in Bewegung bringen, vor der Verantwortung stehen, in die Prozesse einzugreifen, die eigentlich Todes-, Erkrankungsprozesse sind. Wir haben daher die Aufgabe, auf der anderen Seite auch wieder zu wissen, daß diesem Erkrankungsprozeß gegenübersteht der Gesundungsprozeß, und der liegt in dem, was ich schon heute nachmittag erwähnt habe: Es muß jederzeit einem Vorgang im unteren Menschen ein entsprechender Prozeß im oberen gegenüberstehen. Hat der Kohlenstoff die Tendenz, nach unten Stickstoffverbindungen zu bilden, so hat er nach oben die Tendenz, Sauerstoffverbindungen zu bilden. Die früheren Alchimisten nannten ihn den «Stein der Weisen», das ist nichts anderes als der voll verstandene Kohlenstoff. Er hat nach oben die Tendenz, Sauerstoffverbindungen zu erzeugen, Sauerstoffsäuren oder sauerstoffsaure Salze. Die aber regen den Gedanken an, und jedesmal wenn wir bildhaft lebendig das Kind beschäftigen, regen wir die Kohlensäurebildung und damit das Denken an. Jedesmal, wenn wir das Kind anleiten, gleichzeitig während des Denkens etwas zu tun, rufen wir einen Gleichgewichtszustand herbei zwischen der Kohlensäurebildung und der Zyanerzeugung; und darauf kommt im menschlichen Leben eigentlich alles an, daß diese zwei Dinge im Gleichmaß erzeugt werden.

Wenn zum Beispiel der Mensch nur intellektuell beschäftigt wird, so wird eigentlich sein Kohlensäurebildungsprozeß zu stark angetrieben. Es entsteht eine Übersättigung des oberen Organismus mit Kohlensäure. Nun wirkt eine richtige, taktvoll geleitete musikalische Erziehung gegen das übermäßige Erzeugen dieses Kohlensäureprozesses, macht den Menschen wieder geeignet, Tätigkeit, wenigstens innere Tätigkeit einzufügen in den Kohlensäureprozeß. Wir greifen in der Tat, wenn wir einen Lehrplan machen und zum Beispiel Musikunterricht und anderen Unterricht verteilen, wir greifen in Erkrankungs- und Gesundungsprozesse des menschlichen Organismus unmittelbar ein. Ich sage Ihnen diese Dinge heute nicht bloß um der Materie willen, die ich Ihnen auseinandersetze, obwohl ich glaube, daß diese Dinge zu den allerinteressantesten gehören, zu denen man in der Physiologie kommen kann, denn dadurch sieht man erst hinein in das lebendige Leben und Treiben dessen, was die Stoffe und Kräfte im menschlichen Inneren sind. Im menschlichen Organismus findet fortwährend Kränkung und Heilung statt, und alles, was er tut, wozu er angeleitet wird, greift ein in diesen Prozeß der Kränkung und Heilung. So muß man aus diesem Wissen heraus das Verantwortungsgefühl und das rechte Bewußtsein dessen, was man ist als Lehrer und Erzieher, schöpfen, muß sich in aller Bescheidenheit im Lehrerberuf wichtig zu nehmen wissen, muß wissen, daß man sich hineinstellt in die Orientierung eines im eminentesten Sinne kosmischen Prozesses, daß man Mitschöpfer an der eigentlichen Weltregierung wird, indem man Erzieher wird. Auf den Gemütswert, den so etwas für das Bewußtsein hat, möchte ich heute besonderen Wert legen.

Dann, wenn man dies durchschaut, wird einem jede einzelne Handhabung außerordentlich wichtig sein. Denken Sie, wie oft ich gesagt habe, derjenige verkennt die ganze menschliche Entwickelung, der nur immer trivialen Anschauungsunterricht treiben will und dem Kinde nichts weiter beibringen will, als was es schon versteht; denn er sieht nicht ein, daß manches, was man einem Kinde im 8., 9. Lebensjahr beibringt, nur angenommen wird von dem Kind, wenn sich das Kind einem geliebten Lehrer gegenübersieht, auf eine selbstverständliche Autorität hin, weil der Lehrer dem Kind repräsentieren soll die ganze Welt von Wahrheit, Schönheit und Güte. Was der Lehrer für schön hält, soll dem Schüler schön sein, was der Lehrer für gut hält, soll den Schülern gut sein, was der Lehrer für wahr hält, soll dem Schüler wahr sein. Auf diese selbstverständliche Autorität zwischen dem Lebensalter vom Zahnwechsel und der Geschlechtsreife muß alles aufgebaut sein. Was man unter dem Impuls der selbstverständlichen Autorität aufnimmt, hat man nicht immer verstanden, sondern hat es aufgenommen, weil man den Lehrer liebt. Im späteren Alter, zum Beispiel im 35. Lebensjahr, kommt es dann herauf und bedeutet eine wesentliche Belebung des ganzen inneren Seins des Menschen. Derjenige, der sagt, man muß einem Kinde bloß triviale Anschauungsbilder beibringen, der sieht nicht hinein in die menschliche Natur, der weiß nicht, was es für eine vitale Kraft enthält, wenn der Mensch so etwas im 35. Jahr heraufholen kann, was er einst auf die Liebe zum Lehrer hin aufgenommen hat. Jetzt können Sie einsehen, was das für eine innere Bedeutung hat. Der Prozeß im Menschen, welcher der Ausgleich zwischen dem Kohlensäure- und Zyanprozeß ist, wird wesentlich unterstützt, wesentlich belebt dadurch, daß so etwas in dem Zustand tief unten bleibt in der menschlichen Natur wie etwas, was man in Liebe aufgenommen hat im 8., 9. Jahr, das dann im Verborgenen sich hält und später, nach Jahrzehnten, verstanden wird. Was sich abspielt zwischen dem Aufnehmen und Verstandenwerden, was in der Seele unmittelbar in dem Gleichgewichtsprozeß zwischen unterem und oberem Menschen mit dem entsprechenden Verhalten des Kohlenstoffes steht, hat den allergrößten Einfluß.

Natürlich können Sie im einzelnen in den Methoden diese Dinge nicht anwenden; aber Sie selbst können, getragen von dieser Menschenerkenntnis, das Schulzimmer betreten und in dem einen oder anderen Gebiete des Unterrichtes das eine oder das andere wiederum benützen, und es kann dann benützt werden; denn wer ein solches Wissen hat, bei dem tritt schon eine bestimmte Folge ein. Man kann unterscheiden, ob einer ein innerlich bewegliches Wissen hat oder ein innerlich unbewegliches Wissen. Wer nur ein Wissen davon hat, daß es Diamanten, Graphit und Heizkohle gibt und dabei stehenbleibt, wie diese Dinge draußen in der außermenschlichen Natur sind, bei dem wird die Geschichte nicht sehr lebendig werden. Aber wer ein Wissen davon hat, daß der Kohlenstoff, der in der Kohle, im Graphit und so weiter ist, eigentlich da drinnen im Menschen lebt als ein so weit sich metamorphosierender Stoff, daß er nach der einen Seite hin nur in tötende Verbindungen, auf der anderen Seite nur in Auferstehungsverbindungen eingeht; wer also nicht nur davon redet, daß die Metamorphosen des Kohlenstoffes da sind, die durch die verschiedenen Lebensalter der Erde bedingt sind als Diamant, Kohle, Graphit, wer einen Sinn dafür hat, daß da noch ganz andere Metamorphosen da sind für den Kohlenstoff im Menschen, daß er innerlich lebendig wird, ja sich vergeistigt, daß er zwischen Tod und Leben vermitteln kann – wer das verstehen kann, der hat in diesem Verständnis einen unmittelbaren Quell der Inspiration. Wenn Sie das verstehen können, fällt Ihnen in der Schule die richtige Methode ein, und darauf kommt es an, daß einem die richtige Methode einfällt, nicht daß man durchsäuert im Schulzimmer drinnensteht, daß man es den Augen des Lehrers ansieht, daß er durchsäuert ist, daß er griesgrämig vor den Kindern steht. Das ist nicht möglich, wenn man ein innerlich bewegliches Wissen, schaffendes Wissen hat. Dann entsteht in aller Bescheidenheit das Wichtignehmen, das man nötig hat gerade zu dem Unterricht. Das wirkt bis in die Gesichtszüge des Unterrichtenden hinein. Natürlich sind die Gesichtszüge dann vom Ätherischen und Astralischen überstrahlt und verbinden sich mit dem, was äußere Form ist, zu einem Ganzen.

Das Gesicht des Menschen, wenn er ein Lehrer ist, hat drei Nuancen und alle Zwischenzustände dazu. Dasjenige Gesicht, mit dem er einem sonst im Leben begegnet, wenn er vergißt, daß er ein Lehrer ist und einfach mit einem sich unterhält, das Gesicht, das er hat, wenn er vom Unterricht los ist und aus dem Klassenzimmer tritt, und das Gesicht, das er hat, wenn er drinnensteht. Man schämt sich für die menschliche Natur manchmal, wenn man den großen Unterschied sieht im Antlitz des Lehrers, wenn er hineingeht in die Klasse, und dann, wenn er herausgeht. Das sind Dinge, die mit dem ganzen Bewußtsein des Lehrers zusammenhängen. Vielleicht tröstet Sie das ein bißchen, daß ich Ihnen sage: Jedes Gesicht wird unter dem Einfluß eines tätigen, eines vitalen Wissens doppelt so schön, als es sonst ist. Jedes Gesicht wird doppelt so schön, es ist so; aber es muß das Wissen wirken, es muß das Wissen leben, und Lehrergesichter sollten namentlich während des Unterrichtes immer leben, sollten von innen heraus viel sagen. Es kommt mir bei alledem, was ich Ihnen jetzt sage, nicht darauf an, daß Sie alle diese Dinge wissen, die ich Ihnen sage, sondern daß dies auf Ihr Gemüt wirkt und Sie stärkt und kräftigt in der Durchgeistigung Ihres Berufes, den Sie haben.

Der Lehrer sollte besonders heute sich seiner großen sozialen Aufgabe bewußt werden, sollte eigentlich über diese soziale Aufgabe viel meditieren. Denn wer anders als der Lehrer sollte es denn sein, der sich ganz durchdringt mit dem, was der heutigen Zivilisation notwendig ist?

Ich will Ihnen heute ein naheliegendes Beispiel sagen von dem, was man braucht, um sich in der richtigen Weise in die Gegenwartszivilisation hineinzustellen. Sie haben gehört von dem *Mahatma Gandhi*, der in den letzten Jahren seit dem Krieg, eigentlich schon seit 1914, in Indien eine Bewegung ins Leben gerufen hat, die man die indische Befreiungsbewegung von der englischen Herrschaft nennen kann. Dieser Mann hat zuerst in Südafrika seine Tätigkeit entfaltet zugunsten der dort lebendenden Inder, die eigentlich in einer furchtbaren Lage waren und für deren Befreiung er viel getan hat bis 1914. Dann ist er nach Indien selbst gegangen und hat dort die Freiheitsbewegung ins Leben gerufen. Ich will heute nur reden über die Szenen der letzten Verurteilung des Mahatma Gandhi, und auch da nicht über die vorhergehende Gerichtsverhandlung, sondern nur über das, was sich als letzter Akt abgespielt hat zwischen ihm und seinem Richter. Mahatma Gandhi war angeklagt, das indische Volk aufzuwiegeln gegen die englische Weltherrschaft, Indien unabhängig zu machen. Da er Advokat ist, hat er seine eigene Verteidigung übernommen, und es war ja gar kein Zweifel für ihn, daß er verurteilt werden mußte. Er hielt zunächst seine Verteidigungsrede – ich kann sie nicht wörtlich zitieren –, sie lautete etwa so: Meine Herren Richter, ich bitte, mich nach der ganzen

Strenge des Gesetzes zu verurteilen. Ich bin mir vollständig bewußt dessen, daß ich vor der englischen Gesetzgebung in Indien ein Verbrecher bin, daß ich also unbedingt verurteilt werden muß, und daß im Sinne der englischen Gesetzgebung mein Verbrechen das denkbar größte ist. Ich bitte nicht um mildernde Umstände, ich bitte, mich ohne mildernde Umstände nach der ganzen Strenge des Gesetzes zu verurteilen. Ich bemerke außerdem noch, daß nicht nur die Gründe der äußeren Justiz dafür sprechen, daß ich verurteilt werde, sondern es spricht auch der Nützlichkeitsstandpunkt der englischen Regierung dafür. Denn wenn ich freigelassen würde, würde ich mich veranlaßt sehen, die Bewegung fortzusetzen und Millionen Inder würden sich anschließen. Das wurde zu einem Resultat führen, das ich als im Sinne meiner Pflicht gelegen ansehe.

Nehmen Sie den Inhalt dieser Rede, so haben Sie damit schon etwas, was sehr bezeichnend ist für das, was in unserer Zeit lebt und webt. Der Mann bezeichnet es also als eine Notwendigkeit, verurteilt zu werden, erklärt es als seine Pflicht, seine Tätigkeit wieder fortzusetzen, für die er verurteilt werden wird. Der Richter erwidert darauf: Mahatma Gandhi, Sie haben mir die Fällung des Urteilsspruches außerordentlich erleichtert; denn dadurch geht hervor, daß ich in die Notwendigkeit versetzt werde, Sie zu verurteilen. Es ist selbstverständlich, daß Sie sich vergangen haben gegen das englische Gesetz, aber Sie und alle Anwesenden werden einsehen, wie schwer es mir wird, Sie zu verurteilen; denn es ist klar, daß ein großer Teil des indischen Volkes Sie ansieht als einen Heiligen, als einen Menschen, der seine Aufgabe gegenüber den höchsten Pflichten der Menschheit ergriffen hat, und daß der Urteilsspruch, den ich fällen werde, von einem großen Teil der Inder angesehen werden wird wie die Verurteilung eines Menschen, der sich in den höchsten Dienst der Menschheit gestellt hat. Aber es muß die ganze Schärfe des englischen Gesetzes selbstverständlich angewendet werden. Sie müßten es als Ihre Pflicht ansehen, wenn Sie freigelassen würden, morgen das fortzusetzen, was Sie gestern getan haben. Wir müssen es als unsere ernste Pflicht ansehen, das unmöglich zu machen. Ich verurteile Sie selbstverständlich in dem Bewußtsein, daß mein Urteilsspruch von Millionen von Menschen verurteilt wird. Ich verurteile

Sie in Bewunderung Ihrer Taten, aber ich muß Sie verurteilen. – Sechs Jahre schweren Kerkers war der Urteilsspruch.

Man kann das, was in der Gegenwart lebt und webt, nicht eklatanter charakterisieren. Zwei Niveaus des Seins hat man vor sich, unten das Niveau der Wahrheit, das Niveau, wo der Angeklagte erklärt, es ist seine heilige Pflicht, wenn er freigelassen wird, das fortzusetzen, was er gegenüber dem äußerlichen Gesetz als Verbrechen definieren muß. Wir haben unten das Niveau der Wahrheit in der Aussage des Richters, daß er den bewundere, den er aus der Pflicht gegen seine Regierung zu sechs Jahren schweren Kerkers verurteilt. Sie haben oben auf dem Niveau dessen, was geschieht, dasjenige, was der Angeklagte in diesem Falle, weil er eine große Seele ist, als Verbrechen bezeichnet. Das Verbrechen, das seine Pflicht ist, das er auch sofort fortsetzen würde, wenn er freigelassen würde. Während Sie unten die Bewunderung des Richters für einen großen Menschen haben, haben Sie oben die Fällung des Urteilsspruches und dessen äußere Rechtfertigung. Sie haben unten Wahrheiten und oben Tatsachen, die nichts miteinander zu tun haben. Sie berühren sich in keinem Punkt, nur in dem Punkt, daß man sie in Rede und Gegenrede einander gegenüberstellt.

Ja, meine lieben Freunde, da tritt an einem eklatanten Punkt das zutage, daß wir heute das Niveau der Wahrheit haben und das Niveau der Unwahrheit. Aber das Niveau der Unwahrheit im öffentlichen Geschehen. Und beide berühren sich in keinem Punkte. Das müssen wir uns vor Augen stellen; denn das hängt innig zusammen mit dem, was das ganze Geistesleben unserer Zeit bedeutet. An einem solchen eklatanten Punkte zeigt sich, was sonst überall weniger eklatant, weniger auffallend da ist. Aber wir müssen erst ein richtiges Bewußtsein von dem erzielen, was zu geschehen hat in der Gegenwart, um die Wahrheit an die Stelle desjenigen zu setzen, was gegenwärtig geschieht. Nur muß man den richtigen Weg finden, um natürlich nicht alles umzuwerfen, um nicht in irgendeinem falschen Radikalismus, der zu nichts führt als zur Zerstörung, dasjenige zu sehen, was man tun kann. Man muß die Möglichkeit finden, eine klare Einsicht zu haben, und dann an demjenigen Punkt wirken, wo in fruchtbarer Weise gewirkt werden kann.

Und am fruchtbarsten kann gewirkt werden gerade auf dem Gebiete des Unterrichts und der Erziehung. Da kann selbst, wenn wir in einem ganz tyrannisch geführten Unterricht stehen, der Lehrer einfließen lassen das, was ihm aus einem richtigen Erzieher- und Unterrichterberuf kommt; aber er muß Begeisterung haben aus einer Menschenerkenntnis, die totes Wissen belebt, und auf der anderen Seite Enthusiasmus, der hervorgeht aus einer wirklich unbefangenen Auffassung desjenigen, was heute im Leben eigentlich da ist. Man muß sich klar sein: äußerlich im Leben steht man auf dem Niveau oben; aber als Lehrer dem Kinde gegenüber ist es möglich, das Niveau unten einzuhalten. Aber nicht dadurch, daß man phrasenhafte Pädagogik treibt, sondern dadurch, daß man enthusiasmiert werden kann in bezug auf seinen Beruf, in bezug auf das Bewußtsein seines Berufes, daß man emanzipiert werden kann von demjenigen, was Zwangsmäßiges ist in der Erziehertätigkeit und enthusiasmiert durch dasjenige, was einem als Grandioses in der Menschenerkenntnis entgegentritt. Wirklich, es ist manchmal etwas ungeheuer Schmerzliches, wenn man heute zum Beispiel zu Anthroposophen redet und eigentlich gezwungen ist, den Leuten lauter Dinge zu sagen, die, ich meine das nicht im schlimmen Sinne, doch die Welt auf den Kopf stellen in bezug auf das, was die Menschen gelernt haben, und es wird gar nicht aufgepaßt. Wenn man das ganze Schwergewicht dessen erfaßt, was es heißt, über so etwas wie, sagen wir zum Beispiel, das meteorische Eisen so zu reden, wie das gestern geschehen ist, so ist man erstaunt, mit welcher Gleichgültigkeit so etwas hingenommen wird. Von denjenigen, die nichts gelernt haben, begreife ich es; von denjenigen, die die wissenschaftlichen Begriffe über das Eisen aufgenommen haben, begreift man es nicht. Aber so ist die Welt einmal heute.

Aber so darf die Welt nicht sein im Kopf und namentlich im Herzen des Erziehers und Unterrichters. Der muß impulsiert sein von dem Bewußtsein: alles Wissen, in das wir hineingekommen sind durch das neuere Wissen, ist totes Wissen; und wir müssen aus dem Tod heraus ein Lebendiges schaffen, und nur dieses können wir in der Schule brauchen, was aus diesem Enthusiasmus heraus kommt. Wenn Sie durchdrungen sind auf der einen Seite von dem, was Ihnen aufgehen kann durch eine solche Menschenerkenntnis, auf der anderen Seite von dem Bewußtsein der Notwendigkeit, daß Wahrheit gesetzt werden muß anstelle der Lüge, was anerkannt ist – denn man kann es nicht in grandioserer Weise anerkennen, wie in der Gerichtsverhandlung, die ich Ihnen geschildert habe –, wenn man durchdrungen ist von dieser Notwendigkeit und weiß, daß es vor allem Aufgabe des Lehrers ist, sich die Richtung zu geben aus einer Erkenntnis dieser Notwendigkeit heraus, aus einer Erkenntnis des Krassen, das darin liegt, wie heute im öffentlichen Leben Wahrheit aussieht, dann geht etwas im Menschen vor, was auf alle Gebiete abfärbt. Sie werden ein anderer Eurythmielehrer, anderer Kunsthistoriker, ein anderer Mathematiklehrer, auf jedem Gebiet werden Sie anders, wenn Sie in realem Sinn durchzogen sind von diesem Bewußtsein. Auf diesen Enthusiasmus kommt alles an. Es ist nicht die Zeit, wo man sich knifflig über Finessen dieser oder jener Methode zu unterhalten hat; wir müssen Leben in die Welt bringen, die vor der Gefahr steht, sich durch ihr Totes, Intellektualistisches weiter zu töten.

Man hat sich im Grunde genommen abgewöhnt, innerlich entsetzt zu sein über die Dinge, die da sind. Aber mit dem bloß ein gelangweiltes Gesicht machen gegenüber den Dingen, die abgewiesen werden müssen in unserer Zeit der Zivilisation, mit dem kann man ganz gewiß nicht erziehen. Das ist es, was so notwendig macht, eben von Zeit zu Zeit auch einmal Dinge zu besprechen, die aus einer solchen Ecke herauskommen, daß sie unser Gemüt ergreifen können. Wenn Sie nur von diesen Betrachtungen mit dem Gefühl weggehen heute: Es muß das, was geistig heute die Welt regiert, anders werden –, dann haben Sie das, was ich eigentlich mit diesen Vorträgen meine.

Der Drache hat die verschiedenste Gestalt; der Drache hat alle möglichen Gestalten. Die von menschlichen Emotionen kommenden sind schädlich genug, aber die sind nicht so schädlich wie diejenige Gestalt, die der Drache von dem toten, von dem ertötenden Wissen der Gegenwart bekommt. Da wird der Drache ganz besonders scheußlich, und eigentlich möchte man sagen, das eigentliche Symbolum der heutigen höheren Lehranstalten müßte sein: ein dickes schwarzes Tuch, und das müßte im Grunde genommen in jedem Hörsaal irgendwo an der

Wand hängen. Man wüßte, dahinter ist etwas, aber das darf keinem Menschen gezeigt werden, weil damit ein merkwürdiges Licht geworfen würde auf das, was da getrieben wird. Und hinter dem schwarzen Tuch müßte das Bild des Kampfes des Michael mit dem Drachen sein. Der Kampf mit der ertötenden Intellektualität. Das, was heute gesagt ist, ist die Form, wie heute der Streit Michaels mit dem Drachen unter Lehrern und Erziehern leben soll. Das ist, was ich Ihnen darstellen wollte; wir müssen dahin kommen, diesen Michaels-Streit wieder als eine Realität vor uns hinzustellen, um das Michaels-Fest in der richtigen Weise begehen zu können. Und niemand ist eigentlich mehr berufen, in dieses Herbeiführen des Michaels-Festes in der rechten Weise einzugreifen als gerade der Lehrer und Erzieher. Er muß sich ganz besonders verbinden mit dem Michael; denn zeitgemäß heute leben, heißt, in den Drachen hineinkriechen und den alten intellektuellen Betrieb fortsetzen. In der Wahrheit leben, heißt, sich mit dem Michael verbinden. Dem Michael müssen wir uns verbinden, wenn wir in das Schulzimmer eintreten; den nur dadurch können wir die nötige Stärke hineinbringen. Und Michael ist stark. Verstehen wir den Streit Michaels mit dem Drachen auf einem besonderen Gebiete, dann wirken wir zum Heile der Menschheit in der Zukunft. So daß ich, wenn ich diesen Betrachtungen hätte einen Titel geben sollen, hätte sagen müssen: Der Streit des Michael mit dem Drachen, dargestellt für die Waldorfschul-Lehrerschaft. – Man sollte gar nicht sprechen von der Möglichkeit, jetzt schon irgendwelche Michaels-Feste zu begehen, sondern nur daran denken: wie führt man auf den verschiedensten Gebieten des Le-Lebens ein solches Bewußtsein herbei, daß ein Michaels-Fest angeknüpft werden kann. Wenn man in der Tat in der Lage ist, dasjenige, was in dieser Weise innerlich herzlich uns durchdringt, uns seelenvoll machen kann, wenn man das wieder in voller Ruhe in das Schulzimmer hineinträgt und drinnen hält in voller Ruhe, nicht in zappelnder Agitation, nicht in renommierenden, phrasenhaften Reden, aber im einzelnen an anspruchslosem Tun sich begeistern läßt von dem, was im Bewußtsein entfacht werden kann durch die Hingabe an diese Notwendigkeit, dann schließt man das Bündnis mit dem Michael, wie es notwendig ist für den Lehrer und Erzieher.

HINWEISE

Der in der Bibliographie von 1961 unter Nr. 302 geplante Band wurde in zwei Bände aufgeteilt: Als Nr. 302 erschien der Kursus von acht Vorträgen, Stuttgart 12.–19. Juni 1921 «Menschenerkenntnis und Unterrichtsgestaltung»; die übrigen Vorträge sind in vorliegendem Band unter Nr. 302a zusammengefaßt.

Meditativ erarbeitete Menschenkunde

Diese vier internen, für die Lehrer der ersten Freien Waldorfschule gehaltenen Vorträge wurden zum ersten Mal veröffentlicht in der Zeitschrift «Erziehungskunst» 1935/36 (Redaktion Erich Schwebsch). Im Jahre 1937 erschienen sie als Sonderdruck. – Im Jahre 1947 wurden sie auf Grund einer damals allein zugänglichen Nachschrift in der Zeitschrift «Die Menschenschule» abgedruckt und im gleichen Jahr unter dem Titel «Meditativ erarbeitete Menschenkunde», Redaktion Marie Steiner und H. R. Niederhäuser, als Sonderdruck herausgegeben. – Die Neuauflage 1952 wurde auf Grund einer zweiten Nachschrift, die erst nach dem Krieg zugänglich wurde, vollständig neu redigiert. Die Auflage von 1961 war bis auf einige Interpunktionen unverändert. – Die vorliegende Auflage 1972, Redaktion Erich Gabert (†) und H. R. Niederhäuser, bringt an einigen Stellen Verbesserungen. Sie entstammen dem Bestreben, aus den beiden stellenweise sehr unterschiedlichen Nachschriften (Lehofer und Schubert) möglichst alle Nuancen zu berücksichtigen. Einige Stellen sind auch aus Notizen von Teilnehmern ergänzt.

zu Seite

11 *in den einführenden pädagogischen Kursen im vorigen Jahr:* Siehe Rudolf Steiner «Allgemeine Menschenkunde als Grundlage der Pädagogik», Bibl.-Nr. 293, Gesamtausgabe Dornach 1968; «Erziehungskunst. Methodisch-Didaktisches», Bibl.-Nr. 294, Gesamtausgabe Dornach 1966, und «Erziehungskunst. Seminarbesprechungen und Lehrplanvorträge», Bibl.-Nr. 295, Gesamtausgabe Dornach 1969.

13 *Herbert Spencer,* 1820–1903, englischer Kulturphilosoph.

eine solche pädagogische Richtung, wie sie bei Fichte auftritt: J. G. Fichte, 1762–1814. Siehe: «Einige Vorlesungen über die Bestimmung des Gelehrten», 1794; «Reden an die deutsche Nation», 1807/08, und «Deduzierter Plan einer zu Berlin zu errichtenden höheren Lehranstalt», 1817.

16 *für die Dreigliederung des sozialen Organismus:* Siehe Rudolf Steiner «Die Kernpunkte der sozialen Frage in den Lebensnotwendigkeiten der Gegenwart und Zukunft», Bibl.-Nr. 28, Gesamtausgabe Dornach 1961.

17 *Es gibt eine Schrift von Herbert Spencer:* Siehe Herbert Spencer «Education», 1861, deutsch von Schultze. Kröner Verlag.

17 *Nun haben Sie ja im vorigen Jahr gesehen:* Siehe Hinweis zu S. 9.

23 *Tragik ... Humor:* Siehe den Vortrag von Rudolf Steiner «Lachen und Weinen» in «Pfade der Seelenerlebnisse», Bibl.-Nr. 58, Gesamtausgabe Dornach 1957, sowie die Einzelausgabe «Die Ausdrucksfähigkeit des Menschen in Sprache, Lachen und Weinen», Dornach 1970.

26 *vom Kopfe aus am wirksamsten beeinflußt:* «beeinflußt» ist von den Herausgebern ergänzt.

31 *aus der Vertiefung in die anderen Kräfte des Menschen:* Dieser Satz ist von den Herausgebern ergänzt.

33 *welche als die zwei Kräfte in Betracht kommen, die:* Ergänzung aus dem Stenogramm Schubert.

«Theosophie»: Siehe Rudolf Steiner «Theosophie. Einführung in übersinnliche Welterkenntnis und Menschenbestimmung», Gesamtausgabe Dornach 1961, und Taschenbuchausgabe Stuttgart 1962.

34 *wie ich jetzt öfter die Rezitationskunst beschreibe:* Siehe Rudolf Steiner/Marie Steiner-von Sivers «Die Kunst der Rezitation und Deklamation», Bibl.-Nr. 281, Gesamtausgabe Dornach 1967; «Sprachgestaltung und dramatische Kunst», Bibl.-Nr. 282, Gesamtausgabe Dornach 1969; «Methodik und Wesen der Sprachgestaltung», Bibl.-Nr. 280, Gesamtausgabe Dornach 1964.

bei den eurythmischen Vorträgen: Siehe «Eurythmie – die Offenbarung der sprechenden Seele», gesammelte Ansprachen zu Eurtyhmieaufführungen 1918–1924, Bibl.-Nr. 277, Gesamtausgabe Dornach 1972.

35 *daß ich berührt war von dem Worte Shakespeares:*
Der Mann, der nicht Musik hat in ihm selbst,
Den nicht die Eintracht süßer Töne rührt,
Taugt zu Verrat, zu Räuberei und Tücken;
Die Regung seines Sinns ist dumpf wie Nacht,
Sein Trachten düster wie der Erebus.
Trau keinem solchen. («Der Kaufmann von Venedig», V. 1).

39 *Ehrfurcht, Enthusiasmus, schützendes Gefühl:* Jeden dieser drei Sätze begleitete Rudolf Steiner mit einer Gebärde: von der ersten hat sich keine Notiz erhalten; zur zweiten: eine weisende Hand; zur dritten: zwei sich nach oben mit den Fingerspitzen zueinander neigende Hände.

Als eine Art Zwerggeburt: Aus den Notizen Rommel.

46 *In denselben Bezirken,* in denen wir das Sichtbare wahrnehmen ... *In denselben Bezirken,* in denen wir uns des Sichtbaren erinnern ... Das kursiv Gedruckte ist von den Herausgebern in Analogie zu den vorausgehenden Sätzen ergänzt. Im Stenogramm steht: Organen.

47 *in dem letzten Band meiner Kürschnerschen Ausgabe:* Siehe «Goethes naturwissenschaftliche Schriften», herausgegeben und kommentiert von Rudolf Steiner. Band IV, 2. Abteilung, S. 102ff. (Goethe über Johann Leonhard Hoffmann). Ein Neudruck erschienen im Troxler-Verlag, Bern.

49 *und Sie erhalten jene Eurythmie:* Siehe Rudolf Steiner «Eurythmie als sichtbare Sprache», Bibl.-Nr. 279, Gesamtausgabe Dornach 1968; «Eurythmie als sichtbarer Gesang», Bibl.-Nr. 278, Gesamtausgabe Dornach 1956. Siehe auch Hinweis zu S. 34.

aus der übersinnlichen Eurythmie die sinnliche machen: Ergänzt aus dem Stenogramm Schubert.

50 *daß nichts mehr im Menschen geistig-seelisch ist, was nicht das physische Erleben verarbeitet:* Aus dem Stenogramm Schubert. Das Stenogramm Lehofer hat: «daß nichts mehr im Menschen geistig-seelisch vor sich geht, was nicht im physischen Erleben verarbeitet wird.»

53 *den die Menschenkunde meditierend Verstehenden:* Von den Herausgebern in Anlehnung an die vorhergehende Formulierungen gefaßt. Die Nachschrift Lehofer hat nur: «den die Menschenkunde *Meditierenden*», die andere (Schubert): «den die Menschenkunde *Verstehenden.*»

56 *in dem Aufsatz über das künstlerische Element:* Siehe «Soziale Zukunft», Heft 5–7, Stuttgart 1920, Rudolf Steiner: «Die pädagogische Zielsetzung der Waldorfschule in Stuttgart», neu abgedruckt im Band der Gesamtausgabe «Aufsätze über die Dreigliederung des sozialen Organismus und zur Zeitlage», Bibl.-Nr. 24, Gesamtausgabe Dornach 1961, und als Einzelausgabe in «Die pädagogische Grundlage und Zielsetzung der Waldorfschule», Dornach 1969.

es sollte durch eine künstlerische Erziehung der Prozeß des Eingliederns des Ich in die menschliche Organisation geleitet werden: Dieser Satz ist neu eingefügt aus dem Stenogramm Schubert.

57 *ebenfalls einer solchen Wirklichkeit:* Von den Herausgebern aus dem Stenogramm Schubert ergänzt.

58 f. *wenn wir zwischen den Extremen nicht die richtige Balance gehalten haben:* der Text folgt hier mehr dem Stenogramm Schubert. «Zwischen den Extremen»: ist aus ihm in neuer Lesart entnommen; die frühere Ergänzung der Herausgeber «zu stark draußen zu bleiben» ist nun sinngemäß ersetzt worden durch «zu stark eingesaugt zu werden».

62 *daß es das kosmische Abbild ist:* «Abbild» ist von den Herausgebern ergänzt.

63 *im meditativen Erinnern:* «meditativ» durch die Herausgeber in Anlehnung an den 3. Vortrag ergänzt. Die Nachschriften haben an dieser Stelle im «pädagogischen Erziehen» (Lehofer), oder «pädagogischen Erinnern» (Schubert).

65 *noch nicht unter der Einwirkung der Befruchtungskräfte, sondern indirekt:* «indirekt» wurde ergänzt aus dem zweiten Stenogramm.

Zusammenschießens: Nach Stenogramm Schubert. Das Stenogramm Lehofer hat: «Zusammenfließens».

Erziehungsfragen im Reifealter
Zur künstlerischen Gestaltung des Unterrichts

Der Vortrag vom 21. Juni 1922 erschien erstmals in der Zeitschrift «Die Menschenschule» 1932, Heft 11/12, der Vortrag vom 22. Juni 1922 in derselben Zeitschrift 1948, Heft 1. Beide Vorträge wurden ferner 1934 in den Nummern 2, 3 und 4 der Zeitschrift «Erziehungskunst» veröffentlicht.

zu Seite

73 *im vorigen Jahre, gelegentlich der Eröffnung des Schuljahres, habe ich zu Ihnen gesprochen:* Es handelt sich um den sogenannten Ergänzungskurs «Menschenerkenntnis und Unterrichtsgestaltung», 8 Vorträge, 12.-19. Juni 1921, Bibl.-Nr. 302, Gesamtausgabe Dornach 1971, den Rudolf Steiner zur Eröffnung des neuen (dritten) Schuljahres für die Lehrer der Waldorfschule gehalten hatte.

gestern in der Konferenz: In der Lehrerkonferenz vom 20. Juni 1922 wurde über die Unterrichtsgestaltung und den Lehrplan der Oberstufe gesprochen.

75 *in früheren pädagogischen Kursen:* Siehe Hinweis zu S. 11.

79 *was wir in der Konferenz charakterisiert haben:* Gemeint ist die Konferenz vom 20. Juni 1922.

86 *Moriz Benedikt,* 1835–1920. Arzt. Mit Lombroso Begründer der Kriminalanthropologie. «Psychophysik der Moral», 1874, «Die Seelenkunde des Menschen», 1895.

87 *was wir während unseres ersten Kurses besprochen haben:* Siehe den Hinweis zu S. 11.

den Weihnachtskurs: Siehe «Die gesunde Entwickelung des Leiblich-Physischen als Grundlage der freien Entfaltung des Seelisch-Geistigen», 16 Vorträge, Dornach, 23. Dezember 1921 bis 7. Januar 1922, Bibl.-Nr. 303, Gesamtausgabe Dornach 1969.

Albert Steffen, 1884–1963. Seit 1921 Redaktor der Wochenschrift «Das Goetheanum». Die Referate dieses Kurses durch Dr. W. J. Stein und Albert Steffen erschienen in Buchform: «Der Lehrerkurs Rudolf Steiners am Goetheanum» im Verlag am Goetheanum, Dornach 1922. Vergriffen. Siehe den im vorangehenden Hinweis angeführten Neudruck der 16 Vorträge in der Gesamtausgabe.

88 *in den öffentlichen Vorträgen in Wien:* «Westliche und östliche Weltgegensätzlichkeit», 10 Vorträge, 1.–12. Juni 1922. Dornach 1950, und Taschenbuchausgabe Stutgart 1961.

92 *bei unserem Wiener Kongreß:* Zweiter internationaler Kongreß der anthroposophischen Bewegung vom 1.–12. Juni 1922.

95 *Wir haben von den vier Temperamenten gesprochen:* Siehe «Erziehungskunst. Seminarbesprechungen und Lehrplanvorträge», 15 Vorträge, Stuttgart, 21. August bis 6. September 1919, Bibl.-Nr. 295, Gesamtausgabe Dornach 1969.

Anregung zur innerlichen Durchdringung
des Lehr- und Erzieherberufes

Die Vorträge vom 15. und 16. Oktober 1923 wurden erstmals in der Zeitschrift «Erziehungskunst» 1934/35, Heft 5 und 6, und 1935/36, Heft 1 abgedruckt. Der Vortrag vom 15. Oktober 1923 erschien auch in der Zeitschrift «Die Menschenschule» 1937, Heft 6.
Der Titel zu den Vorträgen stammt vom Herausgeber.

zu Seite

107 *in einem englischen Lehrerkurs:* Siehe Rudolf Steiner «Gegenwärtiges Geistesleben und Erziehung», 14 Vorträge, gehalten in Ilkley vom 5.–17. August 1923. Gesamtausgabe Dornach 1973.

112 *Ernst Curtius,* 1814–1896, Archäologe und Historiker.

130 *bei einem Vortrag, wie ich ihn gestern abend hier gehalten habe:* «Die Michael-Imagination», Vortrag für Mitglieder der Anthroposophischen Gesellschaft, 15. Oktober 1923, abgedruckt in «Der Jahreskreislauf als Atmungsvorgang der Erde», Bibl.-Nr. 223/229, Gesamtausgabe 1966, und als Einzelausgabe 1961.

137 *einem Vorgang im unteren Menschen:* Korrektur durch den Herausgeber. In früheren Ausgaben stand: *im unteren Prozeß.*

141 *Mahatma Gandhi,* 1869–1948. «Mein Leben.»

144 *so zu reden, wie das gestern geschehen ist:* Siehe den Hinweis zu S. 130.

RUDOLF STEINER GESAMTAUSGABE

A. SCHRIFTEN

I. *Werke*

Einleitungen zu den Naturwissenschaftlichen Schriften Goethes (1883/97)

Grundlinien einer Erkenntnistheorie der Goetheschen Weltanschauung (1886)

Wahrheit und Wissenschaft (1892)

Die Philosophie der Freiheit (1894)

Friedrich Nietzsche, ein Kämpfer gegen seine Zeit (1895)

Goethes Weltanschauung (1897)

Die Mystik im Aufgange des neuzeitlichen Geisteslebens
und ihr Verhältnis zur modernen Weltanschauung (1901)

Das Christentum als mystische Tatsache und die Mysterien des Altertums (1902)

Theosophie. Einführung in übersinnliche Welterkenntnis
und Menschenbestimmung (1904)

Wie erlangt man Erkenntnisse der höheren Welten? (1904/05)

Aus der Akasha-Chronik (1904/08)

Die Stufen der höheren Erkenntnis (1905/08)

Die Geheimwissenschaft im Umriß (1910)

Vier Mysteriendramen (1910/13)

Die geistige Führung des Menschen und der Menschheit (1911)

Anthroposophischer Seelenkalender (1912)

Ein Weg zur Selbsterkenntnis des Menschen (1912)

Die Schwelle der geistigen Welt (1913)

Die Rätsel der Philosophie in ihrer Geschichte als Umriß dargestellt (1914)
erweiterte Neuausgabe des Werkes: «Welt- und Lebensanschauungen
im neunzehnten Jahrhundert» (1900/1901)

Vom Menschenrätsel (1916)

Von Seelenrätseln (1917)

Goethes Geistesart in ihrer Offenbarung durch seinen Faust
und durch das Märchen «von der Schlange und der Lilie» (1918)

Die Kernpunkte der sozialen Frage in den Lebensnotwendigkeiten
der Gegenwart und Zukunft (1919)

Aufsätze über die Dreigliederung des sozialen Organismus
und zur Zeitlage 1915–1921

Kosmologie, Religion und Philosophie (1922)

Anthroposophische Leitsätze (1924/25)

Grundlegendes für eine Erweiterung der Heilkunst nach geisteswissenschaftlichen Erkenntnissen (1925). Von Dr. Rudolf Steiner und Dr. Ita Wegman

Mein Lebensgang (1923/25)

II. *Gesammelte Aufsätze*

Aufsätze aus den Jahren 1882–1902
Aufsätze aus den Jahren 1903–1908
Aufsätze aus den Jahren 1911–1925

III. *Veröffentlichungen aus dem Nachlaß*

Wahrspruchworte, Fragmente, Entwürfe, Briefe und Aufzeichnungen

B. VORTRÄGE

I. *Öffentliche Vorträge*

II. *Vorträge vor Mitgliedern der Anthroposophischen Gesellschaft*

Vortragszyklen und Vorträge allgemein-anthroposophischen Inhalts
Vorträge zur Geschichte der anthroposophischen Bewegung
und der Anthroposophischen Gesellschaft

III. *Vorträge und Kurse zu einzelnen Lebensgebieten*

Vorträge über Kunst: Eurythmie, Sprachgestaltung, Musik,
bildende Künste und Kunstgeschichte
Vorträge über Erziehung
Vorträge über Medizin
Vorträge über Naturwissenschaft
Vorträge über das soziale Leben und über die Dreigliederung
des sozialen Organismus
Vorträge für die Arbeiter am Goetheanumbau

Das Vortragswerk umfaßt annähernd 6000 Vorträge,
von denen zum größten Teil Nachschriften vorliegen.

C. REPRODUKTIONEN UND VERÖFFENTLICHUNGEN AUS DEM KÜNSTLERISCHEN NACHLASS

Die Bände sind nicht numeriert, jedoch in den einzelnen
Gruppen einheitlich ausgestattet. Sie sind einzeln erhältlich.

Rudolf Steiner. Das literarische und künstlerische Werk
Eine bibliographische Übersicht 1961/1966